D1725105

PAPIER
FRESSERCHEN
MTM-VERLAG
DIE BÜCHER MIT DEM DRACHEN

Impressum:

Personen und Handlungen sind frei erfunden.
Ähnlichkeiten mit lebenden oder verstorbenen Personen sind zufällig und nicht beabsichtigt.

Besuchen Sie uns im Internet:
www.papierfresserchen.de

Mühlstraße 10, D- 88085 Langenargen
info@papierfresserchen.de

Erstauflage 2021

Lektorat + Gestaltung: CAT creativ – www.cat-creativ.at

Bilder: Silvia L. Lüftenegger / RosaRot
Druck: Bookpress / Polen

ISBN: 978-3-96074-438-2 - Taschenbuch
ISBN: 978-3-96074-441-2 - E-Book

Am Bauernhof von Sixtus Hinkel

Berichte aus dem Hühnerstall

Silvia L. Lüftenegger / RosaRot

Gewidmet meiner Tochter Bianca

und ihrer bunten Hühnerschar

Inhalt

Vorwort

Und dann?

Als ich ein Kind war, liebte ich nichts mehr, als Geschichten zu hören, die im Moment des Erzählens von meiner Oma für mich erfunden wurden. Diese Geschichten waren eher Berichte, Berichte aus den besten aller Welten, die nur mir und meiner Großmutter gehörten. Unsere Geheimnisse. Episoden wie bunte Tücher aufgespannt auf einer langen Wäscheleine. Oft erzählten wir uns abwechselnd diese Geschichten immer weiter und staunten über ihren Verlauf, und obwohl gar nichts Dramatisches passierte, waren wir immer ganz aufgeregt und sehr überrascht. Dabei legten wir größten Wert auf Details. Was gab es zu essen, wie hoch ganz genau war der Zaun, wie dunkel war die dunkelste Nacht? Manchmal spielten wir auch die Geschichten weiter ... und immer weiter ... und immer weiter ... Und dann? Ja, dann war ich auf einmal groß, und die Wäscheleine, die mich durch meine Kindheit geführt hatte wie ein roter Faden und die das Wahrste und Allerwichtigste war, endete festgezurrt an einem Haken. Meine Großmutter und all unsere Geheimnisse, unsere Erfindungen und Spiele, sie blieben zurück in meiner Kinderzeit.

Geschichten, so sagte man mir jetzt, werden dramaturgisch gebaut. Man muss wissen, wo man hinwill. Ohne Plan, so sagte man mir, kommst du nicht voran, nirgends, nicht im Leben und auch nicht mit einer Geschichte. Jetzt suche ich immer wieder nach den Bausteinen, den richtigen, versteht sich, die liegen ja nicht einfach so herum. Und während ich suche, begleitet mich die Sehnsucht nach den magischen Zauberworten: „Und dann?“

Und dann, ja, dann habe ich Silvia Lüftenegger getroffen. Meine Freundin, in deren Namen schon der Wald und die Lüfte mitschwingen. Sie hat mir ihre Bilder gezeigt, sie ist Malerin. Als sie ein großes Atelier hatte, malte sie ganz große Bilder.

Und als sie dann im Waldviertel für das Theater Kostüme erfand und nur eine kleine Wohnung besaß, waren ihre Werke Miniaturen. In der kleinen Wohnung empfing sie mich mit einem herrlichen fünf gängigen Menü – ein Süppchen, eine Pastete aus Pilzen und Wild, Fisch und Salate und ein Dessert aus Wein und Früchten, ein Küchengeheimnis par excellence. Ihre Wohnung und ihr Garten waren eine Wunderwerkstatt, voller Erzählungen. Wir hörten Musik, lachten viel, tanzten und betrachteten die Sterne. Der Tag mit ihr, der war ein buntes Stück Stoff auf meiner Kindheitswäscheleine, ja, sie war wieder da!

Und dann? Inzwischen ist viel Zeit vergangen. Silvia wohnt jetzt in der Stadt. Sie hat Schmuck gemacht, Kostüme, Bilder und Skulpturen, sie hat Reisen durch ferne Länder unternommen, viel beim Theater gearbeitet und Geschichten geschrieben.

Und dann? Dann hat mich Silvia mitgenommen, auf den Hof von Sixtus Hinkel. Das heißt, eigentlich hat mich ja ihre Erzählung mitgenommen. Ich bin also dort angekommen und habe sie alle kennengelernt – die Hühner, die Hähne und Bauern. Ich habe jeden Tag ein Stückchen mehr über sie erfahren, und sie haben mich wahrhaft überrascht. Die Wäscheleine aus meiner Kindheit war wieder gespannt, die Episoden flatterten über Felder und Wälder in der sommerlichen Landschaft. Et coco! Hängt Eure Tücher, Eure Blätter und Federn dazu. Die Hühnerwelt am Hofe Sixtus Hinkel braucht keine Füchse, keine Gewitter, keine dramaturgischen Pläne, sondern sie braucht, um sich immer weiterzuspinnen, und hoffentlich noch weiter, nur ein bisschen Mut für das eine, das Wahre, das große Zauberwort: Und dann?

Gudrun Tielsch

Freundin, Schauspielerin, Herausgeberin der Zeitschrift PORTRAIT, Kulturschaffende

Endlich ist der Wurm drin

Nach einem extrem heißen Tag beschließt Louis, er ist der Küchenchef, das Oberhaupt des Clans und sozusagen der Hahn im Korb, heute Abend einmal nicht warm zu kochen. Der Würmer-Vorrat ist bereits aufgebraucht und da es in den letzten Tagen extrem heiß war und dadurch kein Nachschub zu erwarten, fasst er den Entschluss, für seine Kommune etwas Gemüse auf den Teller zu bringen. Dazu begibt er sich auf den herrlich duftenden Misthaufen, der sich gleich hinter ihrem luxuriös ausgebauten Hühnerstall befindet. Da sie ja Biohühner sind, legt Bauer Sixtus extrem viel Wert auf Komfort – um nicht zu sagen ... Luxus.

Darum bevorzugt Louis auch, das Wort *Residenz* für ihre Behausung zu verwenden, denn er ist der Meinung, dass sie etwas Besseres sind. Er hängt sich einen Korb um den rechten Flügel und stolziert zum Misthaufen. Man muss diesbezüglich auch noch kurz anmerken, dass auch dieses Wort dem nicht Genüge tut, denn der Misthaufen ist eigentlich ein wohl gedüngtes Hochbeet. Seine Mädchenschar, es sind siebzehn an der Zahl, ist gerade beim Korbballspiel – wie jeden Tag. Er ist wie Bauer Sixtus der Meinung, dass sie nur durch viel Bewegung frisch und knackig bleiben.

Schon am Weg zum Misthaufenhochbeet bemerkt er, dass der Wind empfindlich stark aufgefrischt hat, denn seine wunderbar langen Schwanzfedern werden ordentlich durchgeschüttelt. Ein Blick auf den See genügt, um festzustellen, dass es heute noch ein kräftiges Gewitter geben wird. Das Schilf peitscht im Wind hin und her und der sonst so ruhige See wirft kleine Wellen ans Ufer. Am Horizont sind bereits Blitze zu sehen und der Himmel beginnt sich zu verdunkeln. Rasch pflückt er einen Kürbis und ein paar Kräuter, denn zu mehr ist keine Zeit mehr.

Auf dem Rückweg scheucht er seine Hühner ins Haus und ordnet an, alle Fenster zu schließen. Er bittet Summer, Holly und Millie, die gerade in Ruhe auf der Reservebank ihre Pediküre-Utensilien verstauen, den anderen dabei zu helfen. Unter heftigem Gegacker, denn ihre Krallennägel seien noch nicht ganz trocken, begeben sie sich flatternd auf den Weg hinein. Knapp schaffen sie es, alles zu verschließen, bevor es anfängt, so richtig zu stürmen und zu regnen. Louis ist ganz angetan über die Aussicht, dass es nach dem Regen wieder jede Menge Würmer geben wird, die er dann morgen, eingehüllt in Löwenzahnblätter mit frischem Thymian, als Sushi, kredenzen kann.

Er kocht gerne für seine Mädchenschar, denn er ist der Meinung, dass er von allen am besten kochen kann. Nicht umsonst hat er bei Coucou de Rennes, dem bekannten französischen Koch, gelernt. Nur der Umsicht von Bauer Sixtus ist es zu verdanken, dass er hier ist – und er wiederholt oft und gerne, dass sie diesbezüglich richtig Glück hätten.

So bereitet er heute mit dem frisch gepflückten Kürbis ein leckeres Antipasto zu und kräht dabei sein Lieblingslied „Qui qu`a vu coco", das der berühmten Modedesignerin Gabrielle, die er sehr verehrt, ihren Namen gab und ihn zu seinem Weckruf inspirierte.

Nach dem Mahl, alle sind zwar satt geworden, aber, da sie seit Tagen kein zartes Wurmfleisch mehr hatten, etwas ungehalten und meinen, dass er doch besser vorbereitet hätte sein müssen und sie sich einen Würmer-Vorrat zulegen hätte können.

Louis, den sein Bauer einfach Loisl nennt, beruhigt sie. Und da der Regen Würmer verspricht, gelobt er, morgen zum Frühstück leckeres Sushi zuzubereiten, denn frisch schmecken sie erstens besser und sind zweitens nahrhafter.

Der Tag und die darauffolgende Nacht verlaufen stürmisch und regnerisch, doch der kommende Morgen verheißt das Beste. Mit einem fröhlichen: „*Et coco! Et coco!*“, denn ein normaler Kikeriki-Kräher ist ihm etwas zu gewöhnlich, weckt er die Mädels, die heute nicht aus den Federn kommen wollen, denn sie haben durch den nächtlichen Sturm fast kein Auge zugetan.

Doch als er: „Sushi, Sushi“, kräht, hüpfen sie aus ihren Nestern, denn die Aussicht auf etwas zartes Wurmfleisch macht sie hungrig. Nur Prudence, die Anführerin der Mädchentruppe, lässt sich etwas Zeit und legt noch schnell ihr morgendliches Ei.

Aufgeregt scharren und sammeln sie die Würmer auf, die in der weichen Erde ganz leicht zu finden sind. Die Ausbeute ist reichlich und Louis, der in der Zwischenzeit allerlei Kräuter und Löwenzahn gesammelt hat, zelebriert die Zubereitung ihrer aller Lieblingsspeise, sein Lieblingslied krähend.

Alle sind zufrieden, nur Bauer Sixtus nicht, denn in der Eile haben die Mädels, außer Prudence natürlich, vergessen, ihr morgendliches Ei zu legen, und da das zu Lieferschwierigkeiten führen könnte, müssen sie am Vormittag so lange im Stall bleiben, bis sie ihre Arbeit getan haben.

Ungarischer Besuch im Hause Loisl

Bauer Sixtus Hinkel ist sehr bedacht darauf, dass seine Hühner immer gepflegt aussehen und gut trainiert sind, denn jeden Herbst findet in der großen Stadt die alljährliche Hühnerschau *Austria's Next Topchicken* statt. Als Anregung bringt er seinen Hühnern an jedem ersten Montag im Monat Zeitschriften wie *Best Chicks, Täglich Federleicht* oder *Chickennews* aus der Stadt mit nach Hause. Summer, Holly und Millie warten dann immer ganz aufgeregt gackernd am Eingangsgatter, um sofort die heiß geliebte Zeitschrift *Best Chicks* vor allen anderen zu ergattern.

Heute ist wieder der besagte Montag und die drei Mädels, die sich am Wochenende ausgiebig über Schminktechniken, Federnpolitur und Schnabellack beratschlagt und sich mit Yoga und Aerobic fit gehalten haben, während die anderen Korbball trainierten, warten schon vor dem Frühstück aufgeregt am Tor auf ihren Bauern. Schon von Weitem sehen sie Sixtus, betont lässig schlendernd, mit seinem Rucksack auf dem Rücken sich dem Hofe nähern. Summer, Holly und Millie flattern unruhig hin und her, denn sie können es kaum erwarten, die Zeitschrift in Empfang zu nehmen. Als er jedoch näher kommt, erspähen sie etwas Unerwartetes.

Ein blauroter Schopf lugt aus dem Rucksack und gackert ihnen aufgeregt: „Szervusz, Szervusz", entgegen. Wie erstarrt, ganz die Zeitschrift vergessend, stehen die drei am Eingang und blicken sich leise gackernd an. Bauer Sixtus nimmt den Rucksack vom Rücken und heraus hüpft, freudig flatternd, ein hübsches rotes Hühnchen. „Nevem Zsofia, ich heiße Zsofia", gackert es ausgelassen und streckt ihnen den Flügel entgegen. Völlig überrumpelt von der Situation reichen ihr Summer, Holly und Millie ihre Flügel zur Begrüßung, aber ohne nur einen Gackerer herauszubekommen.

Zu fünft gehen und flattern sie in den Innenhof zu den anderen, die das Szenario bereits aus einiger Entfernung beobachtet haben und leise vor sich hin gackern. Louis, ganz Herr der Situation, fliegt ihnen entgegen und schüttelt Zsofia zur Begrüßung freudig

SOPRON

den Flügel. „Darf ich euch vorstellen, das ist Zsofia aus Sopron, Ungarns amtierende Schönheitskönigin“, meint Bauer Sixtus kurz und lächelt stolz. Zsofia holt ihre Tasche mit persönlichem Kram, einen Korb mit Geschenken und ein Blümchen für Louis aus dem Rucksack des Bauern. Prudence fängt sich als Erste und reicht ihr fröhlich gackernd ihren Flügel zur Begrüßung. „Endlich Frischfleisch für unsere Korbballmannschaft. Ich hoffe, du hast genug Paprika in deinem knackigen Hühnerpopo.“

Nun ist das Eis gebrochen. Summer, Holly und Millie widmen sich nun ihrer heiß geliebten Zeitschrift. Alle anderen flattern hungrig und gespannt auf Zsofias Geschichten in Richtung Louisianum beziehungsweise Residenz vulgo Hühnerstall. „Loisl, pass mir gut auf unsere Neue auf“, meint Bauer Sixtus, noch bevor er sich auf den Traktor setzt und aus dem Hof in Richtung Feld tuckert.

Louis kräht zustimmend: „Et coco!“, und beschließt sofort, zur Feier des Tages ein besonderes Powerfrühstück, eine Chefkreation sozusagen, zuzubereiten – knusprig geröstete Tausendfüßler auf knackigem Feldsalat mit kleinen, in Haselnussbutter gebratenen Maiskölbchen und als Beilage karamellisierte Löwenzahnblüten mit Haselnusssplitter.

Während er so vor sich hin brutzelt und brät, muss Zsofia Rede und Antwort stehen. Summer, die drei Mädels haben aus Neugier beschlossen, sich ihrer Zeitschrift später zu widmen, und haben sich ebenfalls zu den anderen gesellt, ist sofort aufgefallen, dass Zsofias Schnabel besonders schön glänzt, und will unbedingt genauestens die Poliertechnik erfahren.

Prudence hingegen informiert sich über ihr tägliches Work-out, denn die strammen Waden von Zsofia imponieren ihr ganz besonders. Da in diesem Herbst, noch vor der großen Hühnerbeschau *Austria's Next Topchicken*, ein Wettbewerb mit den Biohühnern des Nachbarbauern, stattfinden wird, denn Bauer Sixtus steht in einem persönlichen Konkurrenzkampf mit ihm, ist jede neue Methode zur körperlichen Ertüchtigung ein absoluter Zugewinn. Sie muss natürlich darüber informiert sein, denn sie fühlt sich, als selbst erwählte Anführerin der Mädchenschar, verantwortlich und will für ihren Bauern gewinnen.

Modernes Chicken-Work-out

Am kommenden Morgen, noch vor dem allmorgendlichen *Et coco! Et coco!* Louisens, stecken bereits Prudence und Zsofia, die sie einfachheitshalber kurz Sofal nennt, die Köpfe zusammen, um ein neues Work-out für die Mädchenmannschaft auszuarbeiten. Zuvor haben beide noch schnell ihr alltägliches Ei gelegt, um ihren Bauern nicht zu verärgern. Prudence staunt nicht schlecht, als sie Zsofias Ei sieht, denn es leuchtet rosarot aus ihrem Nest. „Was für ein tolles Weib", denkt sich Prudence voller Bewunderung, denn nicht nur die strammen Waden Sofals imponieren ihr außerordentlich, sondern auch ihre walkürenhafte Figur und ihre breiten muskulösen Flügel ... und dann noch dieses Ei. „Das muss am täglichen Training liegen", denkt sie leise vor sich hin gackernd und ist schon gespannt auf die neuen Übungen, die ihr Sofal gleich zeigen wird.

Als Zsofia jedoch ihr Ei aus dem Nest nimmt und sich unter ihren linken Flügel klemmt, ist Prudence völlig außer sich, denn das ist bei ihnen am Hof nicht üblich und noch nie vorgekommen. Die Eier gehören Bauer Sixtus und sind sein Eigentum! Aufgeregt fordert sie Sofal auf, das Ei wieder in ihr Nest zurückzulegen. Doch Zsofia beruhigt sie und meint, nur mit dem rechten Flügel beschwichtigend wedelnd, dass sie keine Sorge haben müsse, denn das machte sie in Ungarn fast täglich und ihr Ex-Bauer hatte gar nichts dagegen, denn er und seine Kunden liebten ihre frisch geschüttelten Eier sehr.

Prudence kann sich jedoch nicht beruhigen und flattert aufgeregt linksseitig neben Sofal her, damit sie jederzeit das Ei auffangen kann, sollte es ihr aus dem Flügel fallen. Zsofia jedoch fliegt unbeirrt mit dem Ei in Richtung Korbballfeld. Prudence hat es schwer, ihr zu folgen, denn fliegen können sie und ihre Mädels nicht besonders gut.

Atemlos kommt Prudence am Basketballkorb an, wo Zsofia bereits auf sie wartet und offensichtlich nachgedacht hat. „Wir schneiden das Netz auf und hängen den Korb etwas höher“, meint sie sofort, „denn dann braucht ihr den Ball nicht mehr herauszuholen. Dadurch wird das Korbballspiel flüssiger, gewinnt an Tempo, das ist gut für eure Muskeln.“ Prudence versteht zwar gut, was sie damit meint, hat dabei aber ein mulmiges Gefühl in der Magengegend. Trotzdem läuft sie zu Summer und leiht sich ihre Nagelschere. Vorher bittet sie jedoch noch Zsofia, ihr Ei einstweilen ins Gras zu legen. „Für alle Fälle“, meint sie zaghaft lächelnd.

Wieder zurück, schneidet Prudence sorgfältig den unteren Teil des Netzes ab und in Gedanken hofft sie, dass ihr Bauer nicht mit ihnen schimpfen und ihr komisches Gefühl im Magen nur ein komisches Gefühl bleiben wird, denn den Korb hatten sie erst vor zwei Monaten als Eierprämie von ihm erhalten. Während sie langsam so vor sich hin schneidet, sieht sie aus dem Augenwinkel, dass Zsofia, wahrscheinlich aus Langeweile, ihr Ei mit dem rechten Flügel nach oben wirft und links wieder auffängt. Prudence ist nervös und schneidet nun etwas schneller.

Als sie fertig ist, sie kann gar nicht so schnell reagieren, wirft schon Zsofia gekonnt ihr Ei mit einem leichten Schwung in den Korb und fängt es anschließend wieder auf. Prudence stehen sichtlich die Schweißperlen auf der Stirn, nicht nur vor Anstrengung, sondern vor allen Dingen aus Angst um das Ei. „Ach, Prue, mach dir doch keine Sorgen, ich bin geübt, ich kann das wirklich“, meint Zsofia, während sie das Ei einmal in den linken und einmal in den rechten Flügel spielt. Prudence, die bislang noch niemand mit Prue angesprochen hat, denn immerhin ist sie eine Respektsperson, schaut sie nur verblüfft und ungläubig an. „Nem jönnek, komm doch, Prue, ich zeig dir mein tägliches Work-out.“

Zsofia nimmt ihr Ei unter den linken Flügel, erklärt Prudence, dass sie Linksflüglerin ist, dass sie, Prue, gerne ihr Ei dann unter den rechten Flügel nehmen könne, dann legt sie los. „Alle Übungen je zwanzig Mal, zuerst Kniebeugen ... und schön vorsichtig, damit das Ei nicht hinunterfällt“, erklärt Zsofia und dann, Prudence wird ganz schwindelig: „Klimmzüge!“

Zsofia hängt sich flugs kopfüber an einen Ast, aber nicht, ohne immer auch ihr Ei im Auge zu behalten. „Anschließend zwei Kilometer Geländelauf querfeldein." Zsofia läuft los und Prudence läuft hinterher – über den Zaun, auf die Mauer, fliegend über das Misthaufenhochbeet zum Wasser und landet schließlich im See. „Jetzt schwimmen, was das Zeug hält", ruft Zsofia Prudence zu und paddelt, dass es nur so spritzt.

Prudence ist auch keine gute Schwimmerin, denn in der Luft und zu Wasser ist sie nicht sehr geübt, doch sie gibt nicht auf. Mit kräftigen Paddelbewegungen versucht sie, Zsofia zu folgen. Jetzt wird Prudence klar, woher Zsofia ihre strammen Waden hat, denn sie verspürt augenblicklich ein leichtes Ziehen in ihren Beinen und Füßen, und weiß, dass das einen mächtigen Muskelkater abgeben wird. Zsofia schwimmt auf die andere Seite der kleinen Bucht und läuft wieder zum Hof zurück. Dort angekommen, wirft sie ihr Ei noch in den Korb, fängt es auf und setzt sich zufrieden ins Gras.

Prudence, die durch die Schwimmerei einige Meter hinter Zsofia liegt, sieht nur noch von Weitem, wie sie das Ei, es leuchtet hellrosa in der Morgensonne, in den Korb wirft. Endlich auch am Korbballfeld angekommen, schmeißt sich Prudence rücklings auf den Boden, streckt völlig erledigt ihre Beine von sich und ist froh, dass sie ihr Ei im Nest gelassen hat – und Zsofias Ei ganz geblieben ist. Als sie wieder normal atmen kann, beglückwünscht sie Zsofia zu ihrer tollen Leistung und bewundert sie umso mehr dafür.

CHiCKS
WORKOUT

Bauer Sixtus, der währenddessen seine Kühe gemolken hatte, denn er besitzt auch fünf Biokühe zwecks Biomilch, für den Eigenverbrauch versteht sich, und nebenbei erwähnt auch noch drei Schweinchen, die aber nur just for fun, ist gerade dabei, den Mist zum Hochbeet zu bringen, um es frisch zu düngen. Dabei kann er gerade noch seine Hühner beobachten, wie sie über die Bucht schwimmen, bevor er sie aus den Augen verliert.

Nun, als er Prudence regungslos am Boden, die Beine nach oben gestreckt, liegen sieht, läuft er besorgt zu ihnen aufs Korbballfeld. Dort angekommen, ist Prudence schon wieder auf den Beinen und gratuliert gerade flügelschlagend ihrem neuen Idol. Sixtus ist offensichtlich sehr froh, dass alles in Ordnung zu sein scheint. Er nimmt seine Hühner liebevoll in den Arm und prüft dabei sorgfältig, ob sich denn keines der beiden beim morgendlichen Ausflug verletzt oder einen Flügel angeknackst hätte. Dabei bemerkt er Zsofias Ei. Sichtlich verwundert schaut er die beiden prüfend an und schüttelt gedankenverloren den Kopf. Er nimmt das Ei und geht zurück zum Hof.

„Noch einmal alles gut gegangen, Sofal", gackert Prudence erleichtert und beide hüpfen vergnügt, Prudence schon mit beginnendem Muskelkater, zu den anderen, um ihnen beim Frühstück über ihr heutiges Work-out zu berichten.

Was gestern noch geschah

Der gestrige Tag verlief noch mit heftigem Gegacker und nicht ganz ohne Streitigkeiten. Louis, der Prudence bei den Ausführungen des Eier-Work-outs ebenfalls zugehört hatte, war gar nicht einverstanden, dass sie für das Training ihre frisch gelegten Eier verwenden sollten. Er erklärte seinen Hühnern wieder und wieder die herrschenden Arbeitsbedingungen, dass sie eine Arbeitsgemeinschaft mit Bauer Sixtus eingegangen wären und sie ihr wunderbares Leben in freier Natur mit den Delikatessen des Misthaufenhochbeets und den sonstigen Annehmlichkeiten ausschließlich dieser Tatsache zu verdanken hätten. Eier gegen Luxus, das war und ist der Deal – und den dürften sie auf keinen Fall aufs Spiel setzen, ansonsten winke der Griller ... und die Grillsaison würde bald beginnen.

Die Mädchenschar war nicht einzuschüchtern und ganz auf Prundences Seite, denn erstens waren sie der Meinung, dass ein intensives Training auch Bauer Sixtus dienen würde, schon wegen des Wettkampfs gegen die Hühner ihres Nachbarbauern und der *Austria's Next Topchicken*-Wahl, die sie heuer unbedingt gewinnen wollten, denn das hebe nicht nur das Ansehen von Bauer Sixtus, sondern steigere auch den Eierpreis. „Da wäre so ein bisschen Eierverlust doch zu verschmerzen“, meinte Prudence lauthals gackernd. Des Öfteren musste Louis sich mit seinem Gekrähe: *„Et coco! Et coco!“*, Gehör verschaffen, so wild gackerten alle durcheinander.

Das fiel natürlich auch Bauer Sixtus auf, denn Loisl krähte ansonsten nur morgens oder bei Gefahr – und Gefahr war keine in Sicht. So kam auch er in den Hühnerstall, um nach dem Rechten so sehen. Louis und Prudence flogen ihm aufgeregt entgegen und versuchten ihm, unter heftigem Gegacker, ihre jeweiligen Standpunkte darzulegen. Sixtus, der perfekt Gackerisch versteht, denn man nennt ihn auch den *Hühnerflüsterer vom Se*e, bat durch Handheben um Ruhe.

Augenblicklich waren alle still, denn sie respektieren ihren Bauern und schätzen seine Meinung sehr. Zuerst erklärte Prudence ihr Vorhaben und Zsofia unterstützte sie dabei. Nur zu dumm, dass sie vor lauter Aufregung ungarisch gackerte und ganz vergaß, dass ihr Bauer sie so nur schwer verstehen konnte. Dann stellte Louis kurz fest, dass er ganz auf Bauer Sixtus' Seite stünde, denn er kenne ja den Arbeitsvertrag in- und auswendig und sei deshalb absolut gegen derartige Trainingsmethoden.

Als die drei mit ihren Ausführungen fertig waren, herrschte angespannte Stille, denn jetzt war Bauer Sixtus an der Reihe. Der setzte sich gemütlich auf einen Heuballen und begann lächelnd im schönsten Gackerisch, das sich beim ihm etwas komisch anhört, denn die Lautsprache ist für Menschen extrem schwierig, seine Meinung kundzutun.

Da er etwas wortkarg ist, fiel die Rede kurz, aber unmissverständlich aus: Bauer Sixtus hat sehr moderne Ansichten, auch wenn man ihm das auf den ersten Blick nicht ansieht, ist er für Neues immer offen. Er gackerte also nicht viel und meinte nur, dass er Rührei sehr möge und er sicher auch seine Kunden für geschüttelte Eier begeistern könnte. Zwei Bedingungen müssten sie allerdings erfüllen. Die erste wäre, das Ei bei den Klimmzügen abzulegen, da hier die Eierbruchgefahr am größten sei, und die zweite, die Ernennung eines Eiersheriffs, der dafür verantwortlich sei, den Eierbruch zu überwachen und gegebenenfalls zu verhindern, denn zum Wegwerfen wären die Eier zu kostbar. „Keine leichte Aufgabe, aber machbar", meinte Prudence. So endete das Gespräch und Bauer Sixtus verließ seine glücklichen Hühner mit einem fröhlichen *Hals- und Eierbruch*-Gackerer.

Rührreier zu Mittag

Heute, gleich nach dem ersten *Et coco! Et coco!* Louisens, schütteln die Mädels ihre Federn durch und legen gleich ihr allmorgendliches Ei, denn nach dem anschließenden Frühstück steht die Wahl des Eiersheriffs auf dem Programm. Die Schnellste und Wendigste unter ihnen soll diese Herausforderung annehmen. Prudence, die ihr Korbballteam sehr gut kennt, hat schon zwei Mädels im Visier, die dieser Aufgabe sicher gewachsen sein würden, denn die beiden setzt sie immer wieder gerne in kritischen Spielsituationen für Ballsicherung oder spezielle Verteidigungsaufgaben ein.

Dragica und Ljubica, die Zwillinge, hatte Bauer Sixtus letzten Frühling aus Kroatien zu ihnen gebracht, um ihre Mann- beziehungsweise Frauenschaft zu verstärken. „Die beiden wären die richtigen Eiersheriffs“, denkt sich Prudence und spricht sie gleich nach dem Frühstück darauf an. Dragica hatte, in weiser Voraussicht, bereits gestern mit ihrer Schwester darüber gesprochen, denn sie weiß, dass sie die wendigsten Hühner des Teams sind, und wollte sich und Ljubica schon selbst vorschlagen, als ihr Prudence zuvorkommt. Natürlich stimmen die Schwestern zu und meinen aufgeregt gackernd, dass sie gerne diese verantwortungsvolle Aufgabe übernehmen wollen.

Louis, der diesem Treiben von einiger Entfernung zusieht, ist weniger erfreut über die Tatsache, dass er anscheinend diesbezüglich gar nichts mehr zu krähen hat, und zieht sich beleidigt in die Küche zurück. Er kann seinen Bauern einerseits verstehen, denn der Wettkampf mit seinem Nachbarn, der auch noch sein älterer Bruder ist, scheint ihm sehr wichtig zu sein, aber andererseits versteht er seine Risikobereitschaft ganz und gar nicht.

EGGS

„Was ist, wenn zu viele Eier zu Bruch gehen, oder seine Kunden so gar nicht auf geschüttelte Eier stehen? Wir sind doch hier nicht in Ungarn, wir sind in Österreich und hier schwört man auf Traditionen, auf Lederhosen und Dirndlkleider. Außerdem gerade bei uns am Land, wo Veränderungen nicht immer gut ankommen“, kräht er missmutig vor sich hin. Louis ist sich unsicher, ob denn das eine gute Entscheidung war, denn schließlich steht die Grillsaison vor der Tür – und vor dieser hat er am meisten Spundus. Er will keine seiner heiß geliebten Mädels verlieren, dazu hat er schon jede Einzelne viel zu sehr in sein Herz geschlossen. Er liebt jede mit all ihren Macken, Ecken und Kanten.

Mit einem lauten Seufzer beginnt er mit seinen Vorbereitungen für den Vormittagssnack, denn diesen werden sie alle nach dem anstrengenden Training nötig haben, denkt er sich und überlegt, welchen Fitness-Snack er ihnen heute zubereiten könnte. Er kommt zum Entschluss, kleine Roggenvollkornbrötchen in Walnusskruste zu backen, denn diese wären eine gute Basis für einen Kraftsnack, und darauf wird er Frühlingssalat in leichter Marinade und ein Stück geräucherten Zander legen.

Während er etwas missmutig mit seiner Arbeit beginnt, besprechen seine Mädels die Abfolge des Work-outs. Summer, Holly und Millie, die sich sicherheitshalber etwas von der Gruppe entfernt haben, um nicht beim Eier-Work-out mitmachen zu müssen, denn sie sind der Meinung, dass Yoga und Aerobic viel urbaner und moderner wären, werden von Prudence sofort zurückgepfiffen. Ihnen wird die Aufgabe zuteil, sich über Tinkturen und Salben zur Heilung von Muskelkater und kleinen Abschürfungen schlauzumachen, denn das würde gut in ihre Lieblingsbeschäftigung – Cremen und Pinseln – fallen. Nötigenfalls sollten sie sich bei Louis über die Zubereitung informieren, denn Prudence hat festgestellt, dass Louis sich ausgeschlossen fühlt, und so könnte auch er sich einbringen. „Alle anderen werden am Training teilnehmen und am Ende werden sich die Besten herauskristallisieren, die dann den Wettbewerb bestreiten werden“, gackert sie bestimmt.

Schnell ist das tägliche Work-out-Programm zusammengestellt. Zuerst Eierlegen, das haben sie heute bereits getan, weiter geht es dann mit jeweils zehn Kniebeugen und Klimmzügen. Anschließend Hürdenlauf und -flug über die Mauer, das Misthaufenhochbeet zum See, dann Schwimmen über die Bucht und Hürdenlauf zurück auf das Korbballfeld. Zum Schluss – Wurf in das Netz und Abschlag an die Nächste. Es soll so eine Art Staffelbewerb werden. Zwei Mannschaften zu jeweils fünf Teilnehmerinnen, zwei Trainerinnen, Zsofia und Prudence, zwei Eierscheriffs, Dragica und Ljubica, und drei Sanitäter, Summer, Holly und Millie. Edith wird den Schiedsrichterposten übernehmen. Sie ist die Genaueste unter ihnen, denn schließlich sie die Eier-Controllerin und ist für die Übergabe dieser an Bauer Sixtus verantwortlich. Zsofia zeigt nun allen vor, wie sie und Prudence sich das Training vorstellen, und beginnt ihr Work-out wie bereits am Tag zuvor. Alle sind mächtig erstaunt über die Flug- und Schwimmkünste Zsofias und sind darum sehr skeptisch, ob sie das auch schaffen können. Doch die neuen Trainingseinheiten gefallen ihnen und sind eine willkommene Abwechslung zum täglichen Korbballallerlei.

Dragica, die Erstgeborne der Zwillinge, hat eine Idee, wie man die Eier für den Verzehr quasi sichern kann. Sie geht zu Louis und holt sich zwei Pfannen. „Jede von uns übernimmt ein Team und wir werden nebenherschwimmen, -fliegen, -laufen“, erklärt sie kurz ihrer Schwester. „Bei Gefahr fangen wir die Eier mit der Pfanne, denn so sind sie gleich küchenfertig und nichts geht verloren.“ Ljubica findet die Idee großartig und testet gleich einmal ihre Pfannenfertigkeit.

Nun kann das Eier-Work-out losgehen. Alle sind aufgeregt denn, dass sie ihr Ei heute nicht Edith geben müssen, ist ihnen völlig fremd. Man kann sich vorstellen, was so passiert ist: Einige haben ihr Ei bereits während des Hürdenlaufes verloren oder fast im See versenkt. Wenige habe es heil bis zum Korbballplatz geschafft und manche sind dann an der letzten Challenge gescheitert. Gut, dass die Zwillinge die Pfannen parat hatten. Das Ergebnis des Work-outs: sechs Rühreier in der Pfanne und vier geschüttelte. Bauer Sixtus, der vom Traktor aus, denn er war gerade dabei, seine Felder zu besichtigen, das Work-out beobachtet hatte, ist stolz auf seine Hühner, denn er hat erstens Hunger und freut sich auf die Rühreier und zweitens glaubt er, dass der Ehrgeiz seiner Hühner ihm zum Sieg verhelfen wird.

Nachbarschaftlicher Besuch steht ins Haus

Das Eier-Work-out findet nun drei Mal die Woche statt, jeweils montags, mittwochs und freitags. Edith ist nämlich der Meinung, dass der tägliche Eierschwund dem Geschäft ihres Bauern nicht zuträglich wäre. Weiters hat sie entschieden, dass ihre besten Legehennen Maria und Rosemarie an den trainingsfreien Tagen zwei statt nur ein Ei legen sollten. „Irgendwie muss der Eierschwund ausgeglichen werden", hat sie lauthals gackernd verkündet. Louis, der froh ist, dass noch eine seiner Mädels alle sieben Sinne beieinanderhat, begrüßt ihren Vorschlag mit einem kräftigen: *„Et coco! Et coco!"*, denn nur, wenn alle zufrieden sind, ihr Bauer und seine Kunden, kann die Grillsaison seinen Mädels nichts anhaben. Somit ist das beschlossene Sache.

Nach einer Woche Training meint Bauer Sixtus, dass es an der Zeit wäre, seinen Nachbarn, der auch sein älterer Bruder ist, und dessen Hühner in das Eier-Work-out einzuweihen. Alle sollten die gleichen Trainingsbedingungen und wirklich die gleichen Chancen haben, denn nur so gibt es ehrliche Gewinnerinnen, erklärt er seinen Hühnern. „Loisl, du kümmerst dich bitte um die Versorgung der Mädchentruppe. Und flirte nicht zu viel", meint er lächelnd gackernd und zupft ihn liebevoll an seinen Schwanzfedern. Louis, dem das Thema sichtlich unangenehm ist, kontert konstatiert, dass wohl das Wort Versorgung völlig fehl am Platz wäre, denn er habe seine Mädels nie *nur* versorgt, nein, er habe sie immer kulinarisch verwöhnt. Immerhin hatte er einen, über Frankreichs Grenzen hinaus, bekannten Koch als Lehrmeister und außerdem mache er nur Spaß mit seinen Mädels. „Loisl, Scherz", meint Bauer Sixtus kurz und zu den Mädels: „Morgen, Montag, wird mein Bruder mit seinen Mädels kommen, bitte seid aufgeräumt und zickt nicht herum."

Da Louis weiß, dass Sixtus' Bruder ebenfalls so viele Mädels am Hof hat wie er selbst, überkommt ihn leichter Stress, denn er hat schon lange nicht mehr für so viele gekocht und hat immerhin einen überaus guten Ruf zu verlieren. Nervös überlegt er, was er zubereiten könnte. Auf dem Hochbeet wachsen noch jede Menge Kohlrabi. „Den werde ich nehmen", denkt er sich. Als Fitnesssnack am Vormittag wird er ein Kresse-Salätchen zaubern und dazu Haselnusskräcker servieren, das ist leicht und gesund. Zu Mittag gibt es dann Kohlrabi-Gazpacho mit Kräutertopping als Vorspeise, Regenwurm-Moussaka mit gebratenen Topinambur-Scheibchen als Hauptspeise und als Nachspeise ein kleines Wasserlinsenkompöttchen, leicht gesüßt mit Gänseblümchenhonig. Heute bittet er Edith, mit der er immer wieder gerne zusammenarbeitet, denn erstens ist sie absolut zuverlässig und zweitens widerspricht sie nicht ständig, ihm morgen bei den Essensvorbereitungen zu helfen. Edith freut sich sehr, denn sie schwärmt ungemein für Louis und himmelt ihn förmlich an.

Zickenalarm

Der Montagmorgen ist schon vor dem allmorgendlichen *Et coco! Et coco!* Louisens ziemlich turbulent. Heute wurde er durch das aufgeregte Gegacker seiner Hühner geweckt, dass er sie mit einem lauten Kräher zur Ordnung rufen musste. Edith, die bereits versucht hatte, die Mädels zur Raison zu bringen, hatte vor lauter Stress vergessen, ihr Ei zu legen, und ist völlig von der Rolle diesbezüglich. Prudence, die sonst ihr Korbballteam gut im Griff hat, versteht den Aufruhr nicht, denn sie hat noch keinen vernünftigen Gackerer aus ihnen herausbringen können. Summer, Holly und Millie, die sonst ein Herz und eine Seele sind, streiten heftig miteinander und es scheint um einen Krallenlack zu gehen, ganz genau kann man es jedoch nicht feststellen. Dragica und Ljubica haben vor lauter Aufregung ihre Eier in eine der Pfannen gelegt, was wiederum bei Edith für Aufregung gesorgt hat, denn eines ist dabei zerbrochen und der kostbare Dotter hat sich in der Pfanne verteilt. Erst nach dem dritten *Et coco! Et coco!*-Kräher Louisens herrscht angespannte Stille.

Als nun Louis das Wort ergreifen will, um seine Mädels nach dem Grund ihrer Aufregung zu fragen, mischt sich Edith erregt in die Ansprache ein. Louis, der das von Edith nicht gewohnt ist, ist äußerst echauffiert über ihr Verhalten und weist sie mit einem scharfen Blick zurecht. Edith jedoch versteht vor lauter Pflichtbewusstsein seinen Blick nicht und fährt unbeirrt fort. „Die Eier sind wichtig! Ihr legt jetzt bitte sofort ein Ei, und zwar jede“, meint sie und errötet leicht, denn auch sie hat vergessen, ihr Ei zu legen, und es fällt ihr in dem Moment wieder ein.

Louis, zum ersten Mal nicht ganz Hahn der Lage, stimmt ihr zu und scheucht seine Hühner zurück in ihre Nester. Er schüttelt seine Schwanzfedern, stellt seinen Kamm auf und befiehlt ihnen, sich anschließend zu einer Besprechung hier wieder einzufinden. Edith, die jetzt erst bemerkt, dass sie etwas zu vorlaut gewesen und ihrem Angebeteten das Wort abgeschnitten hat, verzieht sich leise gackernd und kopfschüttelnd ebenfalls in ihr Nest zurück.

Der Tumult im Hühnerstall ist auch Bauer Sixtus nicht entgangen und er kommt gerade in den Stall, als sich bereits alle Hühner in ihren Nestern befinden. Mit ruhiger gackernder Stimme meint er nur: „Ganz ruhig, Mädels, es werden euch heute keine Federn gerupft, es ist nur ein Besuch. Freut euch darauf, eure Mitstreiterinnen zwanglos kennenlernen zu können." Das sind schon recht viele Worte für den sonst so wortkargen Bauern. Er verlässt schlurfend den Hühnerstall und nimmt die Pfanne mit dem Rührei-Malheur der Zwillinge mit, aber nicht, ohne sich dafür zu bedanken, indem er kurz gackert: „Wird mir schmecken, danke."

Jetzt versteht Louis, was in den hübschen Köpfchen seiner Mädels vorgeht und was sie so nervös macht. Sie alle wollen sich selbstverständlich von ihrer besten Seite zeigen, denn noch nie hatten sie so viel Besuch am Hof und vor allen Dingen lagen noch nie die ganze Aufmerksamkeit und alle Blicke auf ihnen.

So beginnt er, zur Beruhigung der offensichtlich blank liegenden Nerven, ein leckeres Frühstück zuzubereiten. Heute wird er ihnen kandierte Löwenzahnblätter gefüllt mit Würmchenmus servieren, denn die süße Komponente wird sie sicherlich besänftigen, denkt er. Nach dem Eierlegen und dem Frühstück, das tatsächlich etwas Ruhe in die aufgeregte Runde gebracht hat, geben sich alle ausführlich der Morgentoilette hin. Dem Gerangel und Gezanke am Spiegel versucht Louis, keine Bedeutung zuzumessen, und wartet geduldig, bis alle fertig sind. Wie befohlen, versammeln sie sich anschließend rund um ihn und erwarten ihre unvermeidliche Standpauke.

Louis, der jetzt wieder ganz Hahn der Lage ist weiß, dass jetzt nur eines hilft und statt einer Standpauke lobt er seine Mädels, indem er die Vorzüge und das Können jeder einzelnen hervorhebt. Die Hühner, besonders Edith, fühlen sich sehr geschmeichelt, denn das hat Louis lange nicht mehr gemacht – und schon gar nicht nach so einem morgendlichen Desaster. Freudig beginnen sie mit ihrem Aufwärmprogramm. Summer, Holly und Millie mit ihrem täglichen Yoga-Sonnengruß und die anderen mit Dehnungsübungen. Sie wollen gut vorbereitet sein, wenn ihre Wettbewerbs-Gegnerinnen eintreffen.

Sie sind noch mitten in ihren Vorbereitungen, als sie schon von Weiten das Gackern der herannahenden Nachbarschaft hören. Sie beenden ihr Aufwärmprogramm und warten betont lässig auf die Mädels von Bartholomäus, denn so heißt Sixtus' Bruder.

„Hallo, Bartl", begrüßt Sixtus seinen Bruder und gackert ein freundliches: „Grüß Gott", den Hühnern entgegen. Bartl, der schon immer neidig darauf gewesen ist, dass sein Bruder die Hühnersprache gackern kann, schaut ihn finster an und murmelt ein etwas unhöfliches: „Guten Morgen." Sixtus, der seinen Bruder gut kennt und weiß, dass er im Grunde seines Herzens ein sehr Netter ist, hakt sich bei ihm unter und geleitet ihn auf den Hof. Bei einer Tasse frischer rahmiger Kuhmilch erklärt er ihm das Trainings- beziehungsweise Wettkampfprogramm.

Währenddessen beäugen sich die Mädels gegenseitig, indem sie sich langsam umkreisen, und Louis zeigt Josef, dem Hahn Bartls, wer hier der Herr am Hof ist, indem er sich mächtig aufplustert und sein unverkennbares: *„Et coco! Et coco!"*, kräht. Sixtus, dem die angespannte Stimmung nicht entgangen ist, gackert allen freundlich zu und fordert Loisl auf, doch eine Stallführung zu machen.

Majestätisch erhobenen Hauptes stolziert Louis allen voran zum Hühnerstall und zeigt mit überschwänglichen Gesten der Nachbarschaft seine Residenz, die Küche und das unvergleichliche Misthaufenhochbeet. Anschließend präsentiert Edith den Nachbarhühnern die frisch gelegten Eier, die sie in einen Korb fein säuberlich drapiert hat, natürlich mit Zsofias Ei als Eyecatcher obenauf. Als anschließend Louis aus der Küche eine Platte mit in blanchierte Löwenzahnblätter eingewickelte Maisküchlein, das er mit Wurm-Chutney verfeinert hat, holt, ist das Eis gebrochen und gelöst schnabulieren alle den köstlichen Snack.

Louis ist genervt

Nachdem für Bauer Sixtus das Kennenlernen besser verlaufen ist, als gedacht, steht dem Trainingsprogramm nichts mehr im Wege. So kommt sein Bruder Bartl auch am kommenden Mittwoch und an den weiteren Trainingstagen mit seinen Hühnern auf den Hof. Louis hat alle Flügel voll zu tun. Gut, dass er Edith hat, die ihm in der Küche gerne beim Schnippeln hilft und die Arbeit als Beiköchin übernimmt. Edith ist auch glücklich und zufrieden in der Küche zu sein, denn sie hätte sich nie gedacht, dass sie ihrem Angebeteten so oft in den Schnabel und in die Töpfe schauen darf.

Louis, der lieber sehr elitär kocht, hat mit dem Großküchengekoche weniger Freude. Er würde zum Beispiel viel lieber Salzburger Nockerl auf Himbeerschaum zaubern, nicht ganz einfach zu backen, aber für seine kleine Gesellschaft wäre ihm sogar dieses Gericht nicht zu aufwendig, doch leider stehen aufgrund der vielen hungrigen Schnäbel Eintöpfe auf dem Programm. Es ist gut, dass Bartl, er dürfte anscheinend auch einen reich bepflanzten Misthaufen besitzen, bei jedem Besuch etwas Kochbares mitbringt, ansonsten wären ihre Vorräte wirklich gefährdet.

So gibt es zu Mittag meistens Kürbis- oder Zucchinigulasch, das ist vitaminreich und die Produkte sind gerade reichlich auf beiden Hochbeeten vorhanden. Um etwas Abwechslung zu schaffen, ist Louis darauf bedacht, diverse Beilagen-Variationen zu kreieren und mit unterschiedlichen Kräuterkombinationen die Eintöpfe aromatechnisch in differenzierte Geschmackserlebnisse zu verwandeln. Gar nicht so einfach, doch das ist für Louis noch die einzige Herausforderung. Er sehnt er sich die Tage zurück, an denen er mit seinen Mädels noch alleine am Hof war. Ein besonderer Dorn in seinem stolzen Auge ist ihm Bartls Hahn, der heute zum zweiten Mal auch mit von der Partie ist. Josef, von Bartl liebevoll Seppl genannt, stolziert den ganzen Vormittag mit erhobenem Kamm kontrollierend durch den Hof, als wäre es seiner.

Louis ist bereits aufgefallen, dass er kokettierende Blicke auf Zsofia geworfen hat – und das gefällt ihm ganz und gar nicht, denn er liebäugelt auch schon länger und hofft auf gefällige Blicke ihrerseits. Noch ist es ihm nicht gelungen, mit Zsofia ein Vieraugengespräch zu führen, da sie und Prudence permanent ihre hübschen Köpfchen zusammenstecken, jedoch die Zeit wird schon noch kommen, denkt er sich.

Jetzt stolziert aber dieser Seppl im Hof umher und versucht, ihm seine Hühner abspenstig zu machen. Gedankenverloren und leicht genervt rührt er in seinem Eintopf. Heute gibt es Zucchinigulasch und zur Verfeinerung dessen ist er schon ganz früh unterwegs gewesen, um Gundelrebe zu suchen. Dieses kleine Kräutlein, das sonst überall anzutreffen ist, ist leider rund um ihren Hof nur spärlich vertreten. Noch vor seinem täglichen *Et coco! Et coco!* hatte er sich aufgemacht. Bei dieser Gelegenheit ist ihm, als er am Hochbeet vorbeikam, eingefallen, dass er als Vorspeise wieder einmal einen Gierschsalat mit Walnussöl zubereiten könnte, denn dieses wohlschmeckende Kraut wächst hier in Hülle und Fülle. Er hatte es gerade noch pünktlich zum morgendlichen Weckkräher um fünf Uhr auf den Hof geschafft. Stress pur und jetzt auch noch DER. Während Edith die Gundelrebe klein schneidet, kräht er rührenderweise leise Seppl-Verwünschungen vor sich hin. Edith, die ihren heiß verehrten Louis so noch nie gesehen hat, ist irritiert und etwas verunsichert. Sie überlegt, ob nicht sie vielleicht etwas falsch gemacht hat, oder ob seine miese Laune jemand anderem gilt. So herrscht angespannte Stimmung in der Küche.

Die Mädels sind währenddessen fleißig am Trainieren und es scheint ihnen Spaß zu machen, denn es herrscht ausgelassene Stimmung. Sixtus und Bartl sitzen bei einer Tasse frischer rahmiger Kuhmilch auf der Gartenbank und beobachten gespannt das Treiben. Wenn ein Ei von Bartl zu Bruch geht, freut sich Sixtus und umgekehrt, denn sie haben noch eine kleine interne Wette am Start, die besagt, dass derjenige, dessen Hühner am wenigsten Eier zerbrechen, in den Genuss kommt, vom anderen das Feld gemäht zu bekommen. Momentan hält sich die Rühreiproduktion die Waage und es bleibt spannend.

Nach dem Training begeben sich die Mädels zur Ausspeisung in den Stall und Sixtus in die Küche, um die Rühreier für sich und seinen Bruder zuzubereiten. Ein lieb gewonnenes Ritual, das die beiden jeden Montag, Mittwoch und Freitag zelebrieren. Louis wäre, wie gesagt, sein Ritual viel lieber – exquisite Küche, nur seine Hühnerschar um sich, Summer, Molly und Millie cremend und polierend – und ansonsten Frieden in seiner Residenz. Dieses Sportplatzambiente gefällt ihm ganz und gar nicht, obwohl er zugeben muss, dass seine Mädels durch das regelmäßige Training ausgeglichener sind, frischer aussehen und schon einige Muskeln aufzuweisen haben. Fesch sind sie und darum stört es ihn umso mehr, dass Seppl herumstolziert und seinen Hühnern plumpe Komplimente zukräht.

Edith, die ihren Louis etwas aufmuntern möchte und nicht genau weiß, warum er heute gar so genervt ist, versucht, ihn etwas abzulenken. Sie erzählt ihm, dass den Nachbarmädels sein Essen ausgesprochen gut schnäble, denn das hätte ihr Katharina, die Eier-Controllerin der nachbarschaftlichen Eierproduktion, mit der sie sich angefreundet hat, erzählt. Dass auf ihrem Hof eher der tägliche Einheitsbrei angesagt wäre und ihr Seppl so gar keinen feinen Geschmack hätte und sie sich bereits überlegt hätten, ihm das Küchenzepter zu entreißen.

Louis, der gerade dabei ist, dem Walnussöl noch die letzte Würze zu geben, entkommt ein freudiger Kräher und setzt, leise sein Lieblingslied *Qui qu`a vu coco* vor sich hin pfeifend, seine Arbeit fort. Edith freut sich sehr, dass sie seine Laune so dermaßen verbessern konnte, und begibt sich hinaus, um den Giersch zu waschen. Louis schmiedet inzwischen nebst Teller vorbereiten und rühren einen Plan, um Seppl zur Raison zu bringen. Als die Mädels zur Ausspeisung kommen, sind sie erstaunt, dass Louis, obwohl er die Großküche gar nicht leiden kann, heute so gute Laune hat und lächelnd sein Liedchen pfeifend ihnen die, heute ganz besonders schön dekorierten, Teller zureicht.

Von Wettkämpfen, Wetten und sonstigem Kräftemessen

Heute ist Freitag, der letzte Trainingstag der Woche vor dem verdienten freien Wochenende. Louis, der bereits seit Montag nachdenkt, wie er Seppls Flügel etwas stutzen könnte, hat in den letzten Tagen einen Plan ausgeheckt. Schon am frühen Morgen ist er gut gelaunt und weckt seine Hühner mit einem besonders schönen: *„Et coco! Et coco!“* Er ist fast wieder der Alte, nur ein bisschen besser, denn er bereitet nicht nur liebevoll und gut gelaunt das Frühstück für seine Mädels zu, nein, er legt auch jeder noch eine kleine Aufmerksamkeit neben ihren Teller.

So hat er für Summer, Holly und Millie Beduftungswässerchen aus Minze, Melisse und Zitrone für ihre Federn zubereitet. Für jede ein anderes, jedoch gleich in der Größe damit kein Streit aufkommen kann. Er hat die drei Mädels während der Salbenzubereitung, die immer zwischen den Trainingstagen stattfand, gut einschätzen gelernt und ihr fröhliches Gegacker über Kosmetik hat ihn dazu angeregt. Prudence bekommt ein frisch gepflücktes Kräutersträußlein, denn sie liebt Kräuter über alles, Zsofia eine in Öl eingelegte, gegrillte Paprika, die sie an ihre Heimat erinnern soll, und Maria und Rosemarie ein Säckchen mit besonders ausgewählten Körnern zum leichteren Eierlegen.

Dragica und Ljubica, den beiden Zwillingen, hat er jeweils ein Säckchen Gänseblümchenkrokant zur Beruhigung der Nerven hingelegt, denn die beiden sind während des Trainings besonders gefordert. Für Edith hat er ein kleines Blumensträußlein gepflückt, denn es ist ihm trotz aller Arbeit nicht entgangen, dass seine gestrenge Eier-Controllerin ihm verstohlen verliebte Blicke zugedacht hatte. So fand er für jede einzelne eine besondere Aufmerksamkeit und das ist bei achtzehn Mädels gar nicht so einfach.

Da muss man sich wirklich Gedanken machen und sich anstrengen, um keine zu enttäuschen. Einen Zickenkrieg möchte er auf keinen Fall heraufbeschwören, erstens, weil er das Gezanke überhaupt nicht leiden kann, und zweitens, weil es derzeit auch äußerst unangebracht wäre. Als die Mädels vom Eierlegen zum Frühstück kommen, geht es los mit freudigem Gegacker. Jede zeigt ihr Geschenk, alle sind aufgeregt und fühlen sich außerordentlich geschmeichelt und bauchgepinselt. Louis fühlt sich wieder so richtig wie der Hahn im Korb, denn alle Mädels laufen zu ihm in die Küche und bedanken sich heftig gackernd.

Der Tumult ist auch im Kuhstall zu hören, wo Sixtus gerade seine Kühe melkt, um frische Milch für sich und seinen Bruder abzuzweigen. Er schlurft zum Hühnerstall, um nachzusehen, über welchen Umstand sich seine Hühner denn so außerordentlich freuen, denn dass sie sich freuen, kann er als Hühnerversteher deutlich heraushören. Als er sieht, wie seine Hühner freudig gackernd sich rund um Louis scharen, nickt er ihm anerkennend zu und verlässt, von den Hühnern ungesehen, wieder den Hühnerstall. Louis ist stolz über die wertschätzenden Blicke seines Bauern und mit einem besänftigendem *Et coco! Et coco!*-Kräher versucht er, seine Mädels sachte dazu zu bewegen, sich an den Frühstückstisch zu setzen.

Als endlich alle auf ihren Plätzen sind, gesellt er sich zu ihnen, um von seinem Plan zu erzählen. Dass seine Mädels von Seppls plumpen und anzüglichen Bemerkungen genauso genervt sind wie er selbst, das weiß er, und so ist es nicht verwunderlich, dass sich alle diebisch über die Idee Louisens freuen. Sie sind sich alle einig, dass Seppl eine kleine Abreibung verdient hat. Ein Kochwettstreit soll es werden und alle Mädels, auch die von Seppl, sind die Jury. Louis ist sich völlig sicher, dass er gewinnen wird, denn die Worte Ediths – und ganz besonders das Wort *Einheitsbrei* – klingen ihm noch wohlwollend im Ohr und haben ihn erst auf die Idee gebracht. Er will es Seppl heute sagen und hofft, dass er die Herausforderung annehmen wird. „Doch bei seinem stolzen und unreflektierten Gockelgehabe wird er das sicher tun“, denkt sich Louis.

Gleich nach dem Frühstück rauscht auch schon die Nachbarschaft an, allen voran Bartl und Seppl. Louis erwartet Seppl ihm Hof und nach einer halbherzig freundlichen Begrüßung beiderseits beginnt er Seppl anzusprechen. „Josef, ich habe mir gedacht, da doch alle unsere Mädels an einem Wettkampf teilnehmen und selbst dein und mein Bauer eine kleine Wette am Start haben, sollten wir vielleicht auch unsere Kräfte messen. Was hältst du von einem kleinen Wettstreit, nur du und ich?"
„Du willst dich prügeln, das kannst du gerne haben", antwortet Seppl ihm mit breitem Grinsen, funkelnden Augen und zeigt seine Flügelmuskeln.
„Ich habe mir etwas anderes überlegt", kontert Louis schnell. „Wir machen einen Küchenwettstreit, ein Koch gegen den anderen. Denn ich habe gehört, dass auch du deine Mädels bekochst. Und da ich sowieso an den Trainingstagen für so viele kochen darf und Hilfe dringend nötig habe, wäre das eine gute Gelegenheit. Jury sind deine und meine Mädels – und die Zutaten für beide dieselben. Die Raffinesse der Würze bleibt einem jeden selbst überlassen. Was meinst du?"
Seppl überlegt und meint kurz: „Okay, Flügel drauf. Meine Mädels haben noch nie über meine Kochkünste gelästert und ich bin mir sicher, dass meine Art zu kochen die beste ist. Auch hat sich mein Bauer noch nie über die Qualität der Eier beschwert, das dürfte wohl an meinem Essen liegen."

So beschließen sie, am kommenden Montag den Wettkampf auszutragen. Es wird Kürbisgulasch mit Kartoffeln als Hauptspeise geben. Davor Zucchini-Gazpacho, wobei – davon hat Seppl noch nie gehört und Louis muss es ihm zuerst einmal erklären, bevor er zustimmt. Als Nachspeise einigen sich die beiden auf eine jeweilige Eigenkreation. Seppl ist begeistert und sich bereits sicher, dass er das Duell gewinnen wird, denn bei den Nachspeisen hätte er einen besonders erlesenen Geschmack, meint er und lächelt zweideutig.

Nun ist es beschlossene Sache. Louis reibt sich schon innerlich die Flügel und freut sich auf den kommenden Montag. „Das Wochenende kann kommen und das werde ich genießen", denkt er sich. Selbst das Angeber-Getue Seppls stört ihn heute nicht im Geringsten, denn er weiß, dass die Abreibung kommen wird.

Louis verus Josef

Das Wochenende hat Louis genossen, denn seine Hühner haben ihn besonders gut umsorgt, ganz besonders Edith, die ihm schon vor seinem morgendlichen Weckruf das Frühstück ans Bett gebracht hat. Das Blumenstäußlein hat Edith in ihrem Denken bestärkt, dass er wahrscheinlich auch heimlich Gefühle für sie hegt.

An besagtem Montag, gleich nach dem Frühstück, kommen Bartl und Josef mit ihren Hühnern zum Training auf den Hof. Josef stolziert mit Camilla, seiner Kochgehilfin und anscheinend seiner Favoritin, wie besprochen sofort zu Louis in die Küche, wo bereits Edith zugange ist und alle Zutaten für die beiden Kochkontrahenten vorbereitet. Bartl flügelt Louis kräftig auf die Schultern und meint kurz: „Ich habe Camilla mitgebracht. Sie ist mir schon lange sehr ergeben und wird mir wie dir deine Edith in der Küche helfen.“ Bei den Worten *deine Edith* errötet Edith leicht, schüttelt Camilla die Flügel und nickt ihr höflich, jedoch distanziert zu. Vorerst, der Fairness halber, geht Louis mit Josef rund um den Hof und zeigt ihm, wo die besten Kräuter wachsen und die Kräuterecke auf seinem Misthaufenhochbeet. „Du kannst alles verwenden. Und scheu dich nicht, dich auch kräftig von meinem Hochbeet zu bedienen“, meint Louis zuvorkommend.

Inzwischen zeigt Edith, mit der ihr nötigen Distanz versteht sich, Camilla den Hausgebrauch, die Küchengerätschaften, den Kühlraum und den Gemüsewaschplatz im Innenhof. Nun ist alles geklärt und als Louis mit Josef wieder in die Küche kommt, geht es los. Louis beginnt als Erstes mit der Nachspeise, während Edith im Innenhof mit dem Waschen der Zucchini für die Vorspeise und der Kartöffelchen für die Hauptspeise beschäftigt ist.

Louis hat sich heute als Nachspeise eine Crème brûlée vorgenommen, die er von seinem Lehrmeister, dessen Spezialität die Zubereitung derer war, gelernt hat. Er macht sie nicht sehr oft, da er sich für die Endfertigung, das Karamellisieren des Zuckers, den Bunsenbrenner seines Bauern ausleihen muss und der, zugegebenermaßen, nicht sehr sauber ist, da er ihn für Reparaturen verwendet und deshalb in seiner Traktorwerkstatt aufbewahrt. Normalerweise ist ihm der Putzaufwand zu groß, jedoch für den heutigen Anlass hat er bereits gestern eine Stunde seiner kostbaren Sonntagsruhe für die Reinigung geopfert. Frischen Rahm hat er heute bereits von Sixtus bekommen, der zwei Stunden nach dem Melken extra die passende Menge für ihn abgeschöpft hat und heute einmal mit seinem Bruder eine entrahmte Milch trinken muss. Aber Wettkampf ist Wettkampf – und das versteht sein Bauer nur allzu gut.

Camilla hat sich gleich Edith angeschlossen und ist mit ihr in den Innenhof gegangen, um ebenfalls Zucchini und Kartoffeln zu waschen. Seppl hingegen hat sich von der Anrichte eine Flasche Gänsewein geschnappt und sich betont lässig auf seine Arbeitsplatte gesetzt, um erst einmal zu chillen, so meint er gelassen. „Kochen ist doch keine Wissenschaft", kräht er und nimmt einen kräftigen Schluck aus der Flasche. Louis schneidet währenddessen vorsichtig die Vanilleschoten auseinander und schabt die kostbare Vanille aus ihrer Hülle. Dann schlitzt er das Lemongras ein und gibt beides in die Milch, um alles kurz aufkochen zu lassen. Seppl, der desinteressiert Louis bei seinem Tun beobachtet, meint nur, dass er einen Kaiserschmarren als Nachspeise zubereiten wird, denn der sei zwar nicht ganz einfach, schmecke aber frisch aus der Pfanne genial. Seine Mädels wären anschließend immer besonders nett zu ihm und übernähmen dann ganz ohne Murren den Abwasch. „Der Kaiserschmarren, wir nennen ihn auch Seppls Mädchentraum, wird deine und meine Mädels umhauen, wirst sehen", kräht er in höchsten Tönen.

Währenddessen sind Edith und Camilla vom Gemüsewaschen zurück und Edith macht sich sofort daran, die Zucchini für den Gazpacho zu schneiden. Camilla hingegen beginnt, die Kartöffelchen zu schälen. Das macht ihr sichtlich Stress, denn die Kartoffeln sind sehr klein und es bleibt nach dem Schälen nur sehr wenig von der Kartoffel übrig. Da sie jedoch keine weiteren Anweisungen von Seppl erhält, macht sie unbeirrt weiter, während sie sich ab und an mit dem Geschirrtuch die Schweißperlen von Stirn und Schnabel wischt.

Louis gibt derweilen Eidotter, natürlich ganz frische, von den Eiern, die Rosemarie heute Morgen gelegt hat, zum Zucker, rührt beides schaumig, mischt den frischen Rahm unter und hebt anschließend alles vorsichtig in die erhitzte Vanille-Zitronengras-Milch. Edith füllt die Masse in feuerfeste Förmchen, stellt alle auf ein Blech, das leicht mit Zitronengraswasser bedeckt ist, und schiebt es anschließend vorsichtig in das vorgeheizte Rohr. Dann löffelt sie genussvoll die Reste aus dem Topf, stellt ihre innere Uhr auf fünfundsiebzig Minuten, denn Edith hat ein gutes Zeitgefühl, bevor sie sich ans Kräuterwaschen macht, die Louis in der Zwischenzeit flugs von draußen geholt hat.

Louis und Edith sind konzentriert beim Kochen, während Seppl Camilla rund um die Arbeitsplatte scheucht und ihr wirre Anweisungen gibt, währenddessen er es sich auf dem Küchenhocker bequem macht und aus der Flasche Gänsewein schlürft. Lässig meint er zu den beiden, dass Organisation und gute Mitarbeiter alles seien, denn einer müsse ja den Überblick bewahren – und das wäre selbstverständlich er selbst. Nur die Nachspeise, tönt er laut, das wäre absolut seine Stärke, die werde er eigenflügelig herstellen. Da lasse er keinen und keine ran, fügt er noch gewichtig hinzu und lehnt sich genüsslich zurück.

Nach fünfundsiebzig Minuten holt Edith die Crème brulée aus dem Rohr und stellt sie kalt. „Die duftet aber herrlich!“ Und mit etwas Unbehagen im Magen denkt Camilla an *Seppls Mädchentraum*. Sie ist an und für sich eine gute Köchin, darf aber nichts ohne Seppls Anweisungen an den Speisen geschmacklich verändern. Das ärgert Camilla oft, denn schlussendlich fällt die Kritik der Mädels auch auf sie zurück. So kochen die vier beziehungsweise momentan nur drei den ganzen Vormittag, während die anderen draußen fleißig trainieren. Am kommenden Sonntag soll ja der Wettkampf stattfinden, darum feilt noch jede an ihrer Technik. So gehen heute doch einige Eier mehr zu Bruch als sonst. Nicht jede neue Technik ist besser als die alte, musste die ein oder andere leidlich feststellen. Bei Trainingsschluss liegt zu Sixtus’ Leidwesen sein Bruder Bartl in Führung, denn seine Hühner hatten um zwei Eier weniger Bruch.

Es ist Mittagszeit und alle sind schon sehr gespannt auf das Kochergebnis. Aufgeregt und erwartungsvoll begeben sich die Mädels an den Mittagstisch. Beim Zucchini-Gazpacho sind sie sich nicht ganz einig, wer vorne liegt, und haben sich schlussendlich auf ein Unentschieden geeinigt. Camilla freut sich innerlich sehr, denn sie hatte die Möglichkeit, heimlich einige Kräutlein mehr beizugeben. Die Kritik für das Kürbisgulasch allerdings fällt für Seppl schlecht aus. Es ist leider etwas verkocht, schmeckt fade und die wunderbar jungfräulichen Kartöffelchen sind totaler Matsch. Louis hingegen hat die Kartöffelchen nicht geschält, denn so erhalten sie ihren natürlichen Geschmack, und hat er sie anschließend in Rosmarinbutter geschwenkt. Dem Kürbisgulasch hat er zur Verfeinerung und Abrundung des Aromas noch etwas Minze beigefügt. Diese Kreation schmeckt allen außerordentlich vorzüglich. Camilla ist die Einzige, die für Seppl stimmt, sie will es sich nicht mit ihm verscherzen, denn so manche Vorzüge den anderen gegenüber darf sie als Favoritin in Anspruch nehmen und diese möchte sie auf keinen Fall verlieren.

Jetzt serviert Edith die Crème brûlée, während Seppl sich, unter lautem Kommentieren seiner Arbeitsschritte, an den Kaiserschmarren macht. Hurtig, mit wenig Feingefühl, rührt er alle Zutaten in einer Schüssel zusammen und das, ohne das Eiklar zu Eischnee zu schlagen. Louis staunt nicht schlecht, hat sich aber nichts anderes von diesem Großmaul erwartet. Dann gibt Seppl Butter in eine Pfanne und leert die Masse hinein. Louis weist ihn höflich darauf hin, dass das Backrohr noch warm wäre und er doch den Kaiserschmarren dort fertiggaren könnte. Doch Seppl lässt sich nicht beirren und stochert mit großer Geste in der Pfanne herum, um die Masse zu zerkleinern. Mit viel Zucker bestreut, bringt er den leicht angebrannten Kaiserschmarren auf die Teller und legt noch, als Topping meint er, jeder eine Apfelspalte darauf. „Voilà, Mädels, lasst euch Seppls Mädchentraum schnäbeln! Und dass mir keine Klagen kommen." Camilla verschlingt den Kaiserschmarren und blickt dabei verstohlen in die Runde. Die anderen kosten nur anstandshalber etwas und schieben dann die Teller beiseite. Man muss jetzt kein Hellseher sein, um zu wissen, wer das Kochduell gewonnen hat.

Seppl, gekränkt, äußerst beleidigt und kleinlaut, zieht sich mit der restlichen Flasche Gänseblümchenwein zurück und überlässt Camilla den Abwasch. Louis hingegen hofft, dass Seppl die Abreibung verstanden hat und ab heute seine Mädels in Ruhe lassen wird. Zufrieden hilft er Camilla und Edith beim Abwasch und gönnt sich dazu ein Gläschen Gänsewein.

Freudige Ereignisse

Die Montagspost hat der Briefträger heute schon etwas früher gebracht, da sich unter den Briefen und Zeitschriften ein exotischer Brief aus Australien befindet. Gut gelaunt schlurft Sixtus zu seinen Hühnern in den Stall, um ihnen die freudige Nachricht mitzuteilen. Man muss wissen, dass Sixtus und Bartholomäus noch einen älteren Bruder haben, der schon vor vielen Jahren nach Australien ausgewandert ist, um sich dort eine Existenz mit DER australischen Hühnerrasse aufzubauen, die eine besonders gute Legeleistung erbringt und schwere Eier legt. Er nennt eine große Hühnerfarm in der Nähe von Sydney sein eigen und betreibt in der Stadt einen beliebten Imbiss, das *Hinkley's*, in dem er leckere Pancakes mit österreichischem Touch verkauft. Er heißt eigentlich Zacharias Hinkel, nennt sich jedoch eingeenglischt Zachary Hinkley. Er wird am Samstag vor dem großen Wettkampf eintreffen und ein paar Wochen abwechselnd bei seinen Brüdern verbringen.

Nur noch drei Trainingstage, dann steht der große Wettkampf ins Haus. Alle trainieren intensiv und konzentriert. Bei der Eier-Challenge liegt nach dem letzten Training Bartholomäus vorne, zwei Eier weniger Bruch. Das beunruhigt Sixtus etwas, denn nur noch drei Trainingstage – und das ist nicht wirklich viel, um seinen Bruder wieder einzuholen. Ganz besonders, weil die Mädels so angestrengt trainieren und versuchen, keinen Fehler zu machen, und da, das weiß man, können die meisten Missgeschicke passieren. Weil Sixtus aber immer positiv denkt, hofft er insgeheim das Beste – für sich natürlich.

Louis ist glücklich, denn heute kam Josef nicht mit zum Training. Wahrscheinlich schämt er sich wegen seines Kochdebakels so sehr, dass er heute mal lieber zu Hause bleibt, um etwas Gras über die Sache wachsen zu lassen, denkt er sich. Nach dem Trainingsvormittag steht es in der Eier-Challenge immer noch zwei Minus für Bartholomäus.

SIXTUS
AUSTRIA

Die Mädels jedoch sind guter Dinge, denn der Wettstreit ist für sie schon lange nicht mehr im Vordergrund. Sie sind Freundinnen geworden und der kommende Sonntag wird für sie einfach nur ein Kräfte- und Geschicklichkeitsmessen sein. Es ist ihnen egal, wer gewinnt. Sie wollen Spaß haben und freuen sich auf das tolle Gourmet-Mittagsessen, das ihnen Louis nach dem Wettkampf versprochen hat.

Auch am vorletzten Trainingstag ist Josef nicht mit zu ihnen auf den Hof gekommen. Das gefällt Louis nun doch nicht, denn ganz so hart wollte er ihn gar nicht treffen. Nur eine Abreibung sollte es sein, nicht mehr und nicht weniger. Aber offensichtlich hat er die Abreibung nicht gut verkraftet. So bittet Louis Edith, heute gemeinsam mit Camilla das Essen für die Mädels vorzubereiten. Er würde schnell zu Bartholomäus auf den Hof laufen und pünktlich für die Zubereitung wieder zurück sein, denn er will nach Josef schauen.

Als Louis am Hof Bartls ankommt, sitzt Josef ganz oben auf seinem Misthaufenhochbeet und scharrt Kräuter ein. Als er Louis sieht, fliegt er zu ihm und meint nur: „Du hattest recht, Alter, ich sollte etwas ändern. Na, was sagst du zu meinem Hochbeet. Das habe ich komplett neu gestaltet und die Kräuter, ich kann dir sagen, die schmecken wirklich herrlich. Ich habe mir Kochbücher von meinem Bauern bringen lassen. Und was soll ich sagen, Kochen macht echt Spaß. Verzeih mir, ich bin manchmal ein Macho, aber ich gelobe, mich zu bessern." Louis ist mächtig erstaunt, denn das hatte er ganz und gar nicht erwartet. Er klopft Josef anerkennend auf die Schulter und bei einem gepflegten Gläschen Gänsewein besprechen die beiden die Menüabfolge für das sonntägliche Gourmet-Mittagsmenü, das sie gemeinsam zubereiten werden.

So ist es spät geworden und als Louis nach Hause kommt, sitzen die Mädels bereits fröhlich gackernd und schmausend bei Tisch. Camilla und Edith wischen sich gerade noch die letzten Schweißperlen vom Schnabel, so stressig dürfte es gewesen sein, als Louis die Küche betritt. Er kostet die Speisen und nickt den beiden anerkennend zu. Edith errötet leicht, als er sie in die Flügel nimmt und ihr: „Danke, gut gemacht, Kleines", ins Ohr flüstert.

Zachary und seine Mitbringsel

Wie im Brief angekündigt, landet am Samstag der Flieger pünktlich in Wien. Sixtus hatte sich schon ganz frühmorgens mit dem Traktor auf den Weg gemacht, um seinen Bruder vom Flughafen abzuholen. Da sein Traktor nicht mehr das jüngste Modell ist und Sixtus keinen Stress aufkommen lassen will, ist er schon vor dem morgendlichen Kräher Louisens losgetuckert. Louis und seine Mädels sind sehr gespannt, denn sie hatten aufgrund der Distanz zu Australien noch nie das Vergnügen, den ältesten Bruder ihres Bauern kennenzulernen. Sie wissen jedoch, dass auch er sich auf den Eierhandel spezialisiert hat und in Australien eine viel größere Hühnerfarm als seine beiden Brüder betreibt.

Erst am Nachmittag, so gegen zwei Uhr, treffen die beiden Brüder fröhlich plaudernd am Hof ein. Braungebrannt und mit einem Strohhut auf dem Kopf entsteigt Zacharias dem Traktor, während Sixtus schon mal sein Gepäck vom Anhänger nimmt und vorsichtig neben seinen Bruder stellt. Mit einem lässigen: „How are you", begrüßt er Louis und seine Mädchenschar. Da sie alle keine Fremdsprache sprechen, außer Louis, der leider nur etwas Französisch versteht und gackert, muss Sixtus erst einmal erklären, dass dies die Art ist, wie man sich in Australien begrüßt.

Louis, ganz Herr der Lage, stellt sich und jedes einzelne seiner Mädels vor. Allen voran Edith, die sich dadurch besonders geehrt fühlt und gleich wieder leicht errötet. Während der Vorstellungsrunde, die doch etwas länger andauert, als geplant, denn Louis hat es sich nehmen lassen, auch die Vorzüge jeder einzelnen hervorzuheben – und so Sixtus zu tun hat, bei der Übersetzung mitzuhalten –, ist den Mädels nicht entgangen, dass sich im Handgepäck etwas bewegt und daraus leise Geräusche zu hören sind.

Zachary wartet das ausführliche Gegacker Louisens ab und öffnet anschließend den Rucksack. Heraus hüpfen zwei kohlrabenschwarze Hühnchen, deren Gefieder in der nachmittäglichen Sonne wunderbar bläulich schimmert.

TO AUSTRIA

Gackernd hüpfen sie auf Zacharys Schultern, eine links und eine rechts. „Darf ich euch vorstellen. Das ist Candice“, und deutet auf die linke Schulter, „und das hier ist Prudence“, und tippt auf seine rechte Schulter“, erklärt er in gebrochenem Deutsch mit englischem Slang, denn er ist doch schon viele Jahre in Australien und spricht dort hauptsächlich Englisch. Nur manchmal, wenn deutschsprachige Touristen in seinen Pancake-Laden in Sydney kommen, kramt er sein bestes Deutsch aus seinem Gedächtnis hervor.

Alle staunen nicht schlecht, als Sixtus ihnen mitteilt, dass die beiden hierbleiben dürfen, eine bei ihnen und eine bei Bartholomäus am Hof, als Geschenk sozusagen. Louis freut sich ganz besonders über den hübschen Zuwachs seiner Mädchenschar und meint, dass es das Beste wäre, Candice zu wählen, da es sicherlich zu Verwirrungen führen würde, wenn es zwei Prudences am Hof gäbe. Gut, dass Sixtus ein ausgesprochen guter Hühnerflüsterer ist und sich auch mit den beiden Neuen unterhalten kann, zwar ist es nicht ganz so einfach, aber Gackerer bleibt Gackerer. So ist es beschlossene Sache, Candice soll bleiben und Prudence mit Bartl auf dessen Hof leben.

Candice hüpft gekonnt sofort auf Sixtus’ Schulter und schmiegt sich an seinen Hals. Dazu muss man auch wissen, dass diese besondere australische Hühnerrasse sehr zutraulich ist und sich gerne streicheln lässt. Es ist also nicht verwunderlich, dass Candice sofort die Nähe ihres neuen Bauern sucht. Nur verstehen es die anderen Mädels nicht und glauben sofort, dass sich die Neue Liebhuhn bei IHREM Bauern machen will, und beäugen sie misstrauisch. Als aber Sixtus ihnen die Sachlage erklärt, entspannt sich die Situation etwas. Leider nur etwas, denn die australische Prudence hüpft beleidigt von Zacharys Schulter und verschwindet gackernd im Rucksack.

Sixtus, ganz Hühnerversteher, erkennt sofort die Situation. Prudence ist ängstlich und will nicht von Candice getrennt werden, denn in einem fremden Land mit einem etwas anderem Gackerer will man nicht alleine bleiben. Er beruhigt sie mit seinem schönsten Gegacker, verspricht mit seinem Bruder Bartl zu sprechen, hebt sie sanft aus dem Rucksack und setzt sie auf seine Schulter zu Candice. Etwas beruhigt über Sixtus' Versprechen, gesellen sich nun die beiden zu den Mädels und ein aufgeregtes Gegacker geht los. Alle wollen alles wissen, wie das Wetter in Australien so ist, was sie essen, ob sie auch so einen guten Koch haben, wie Louis einer ist, und, und, und. Fragen über Fragen, die die beiden gerne beantworten, auch wenn es leichte Verständigungsschwierigkeiten gibt.

Edith, ganz Controllerin bereitet schon einmal zwei Nester vor, denn irgendwo müssen die beiden ja schlafen und vor allen Dingen ihre Eier hinlegen können. Auf diese ist sie schon besonders gespannt, denn ihr Bauer hat gesagt, dass sie ganz besonders groß seien. Das will sie morgen überprüfen, denn als Controllerin ist auch das unter anderem ihre Aufgabe.

Der Tag der Tage, Wettkampfsonntag

Schon ganz früh am Morgen kommen Bartl und Josef mit ihren Hühnern. Bartl, weil er sich schon sehr auf seinen Bruder und die Tasse frischer Kuhmilch freut, und die Mädels, weil sie heute auch das Aufwärmprogramm gemeinsam absolvieren werden. Josef und Camilla flattern gleich zu Edith und Louis in die Küche. Dort gackert Edith aufgeregt auf Louis ein, obwohl das sonst nicht so ihre Art ist, aber die Eier von Candice und Prudence haben sie völlig aus dem Häuschen gebracht. „So große hatte ich noch nie im Flügel, ich musste sogar einen zweiten Eierkorb nehmen, so groß sind sie", erklärt sie heftig mit den Flügeln fuchtelnd.

Als sie die beiden sieht, fällt ihr peinlich berührt ein, dass sie in der Aufregung völlig vergessen hat, die Zutaten für das heutige Gourmet-Mittagsmenü vorzubereiten. Sie bittet darum aufgeregt gackernd Camilla, ihr dabei zu helfen, aber nicht, ohne ihr während dessen gleich noch nebenbei die Story mit den großen Eiern ausführlich zu erzählen.

Louis und Josef bereiten gemeinsam das Kraftfrühstück. Flügel an Flügel machen sie ihren Mädels ein Würmer-Sushi zurecht. Josef folgt genau den Anweisungen Louisens und wickelt die frischen Würmer sorgfältig in die vorher in Marinade eingelegten Löwenzahnblätter. Dazu gibt es mit Gänseblümchen- und Giersch-Pesto bestrichene kleine Maisbrötchen. Josef ist aufmerksam bei der Sache, denn er will unbedingt auch so ein guter, zumindest fast so ein guter Koch wie Louis werden.

Nach dem Frühstück, das fröhlich gackernd verlaufen ist, beginnt der Wettkampf. Sixtus, Bartl und Zachary haben bereits auf der Gartenbank Platz genommen und schlürfen genüsslich frische rahmige Kuhmilch aus ihren Tassen. Die Wettkämpferinnen werden gleich nach dem Training bestimmt, die besten fünf von jedem Hof.

Prudence übernimmt mit Cornelia, der AnführerIn der Bartl-Mannschaft, die Oberaufsicht. So kontrolliert jede die jeweils andere Mannschaft. Summer, Holly und Millie haben für den heutigen Tag besonders viel Creme vorbereitet, nur für den Fall der Fälle sollte sich eine verletzen. Dragica und Ljubica stehen mit ihren blitzblank geputzten Pfannen am Start bereit. Zsofia wird in der Staffel als Letzte zum Einsatz kommen, da sich noch immer die Beste unter ihnen ist. Der Rest der Mädels verteilt sich auf dem Wettkampfgelände, um die Wettstreiterinnen anzufeuern.

Nun kann es losgehen. Dazu begibt sich Louis an den Start und mit einem kräftigen: *„Et coco! Et coco!“*, gibt er das Startsignal. Heftiges Gegacker und Geflattere setzt ein und auch die drei Brüder hält nichts mehr auf ihrer Gartenbank. Sie springen auf und gesellen sich heftig fuchtelnd, Sixtus auch aufs Heftigste gackernd, unter ihre Hühner.

Währenddessen geht es auch in der Küche heiß her. Die Vorspeise, ein Kräutersülzchen, hat Louis schon in weiser Voraussicht, denn sie musste auch noch fest werden, am Vorabend zubereitet. „Das wäre aber nicht abgemacht gewesen“, meint Josef beleidigt. „Jetzt bin ich völlig uninformiert über die Herstellung“, lamentiert er äußerst aufgebracht und wirft den Kochlöffel eingeschnappt auf die Arbeitsplatte. „Das ist ganz und gar nicht fair“, krächzt er lauthals. Louis hat alle Flügel voll zu tun, ihn wieder von seinem Unfair-Trip herunterzuholen. Er verspricht ihm, das Rezept eigenflügelig zu krakeln und es ihm auch noch dezidiert zu erklären, damit er sich wieder etwas beruhigt. Doch die Stimmung ist im Keller, denn Josef ist eben Josef und kann sich nicht so leicht beruhigen. Erst als ihm Edith ein Gläschen Gänsewein einschenkt, legt sich seine Aufregung etwas. Louis nickt ihr wohlwollend zu, das wiederum eine leichte Röte in Ediths Gesicht zaubert. Edith macht sich, beschwingt durch Louisens Blicke, mit Camilla an die Zubereitung des Gemüses und dazu gehen sie erst einmal in den Innenhof, um es zu waschen. Sie lassen die beiden in der Hoffnung zurück, dass sich bei ihrer Rückkehr die Lage wieder normalisiert hat.

Und tatsächlich, gleich beim Eintreten in die Küche stellen sie fest, dass Josef sich wieder etwas beruhigt haben dürfte, denn er ist gerade konzentriert dabei, mit Louis die frisch gefangenen Fische auszunehmen und zu würzen. Auf der Haut gebratener Saibling im Gemüsebeet wird zur Feier des Tages als Hauptgang kredenzt.

Inzwischen ist draußen der Wettkampf auf dem Höhepunkt angelangt, denn drei von fünf Runden sind bereits absolviert und Bartls Hühnerteam liegt eine Flügellänge vorne. Sixtus ist ganz aufgeregt, denn noch liegt er auch in der Eier-Challenge hinter Bartl. Auf keinen Fall will er beide Wetten verlieren. Heftig gackernd feuert er seine Hühner an. Es ist so ein Tumult am Hof, dass sogar die Kühe vor Aufregung laut zu muhen und die Schweine heftig zu quieken begonnen haben. Zachary und seine Hühner Candice und Prudence, die wie immer auf seiner Schulter sitzen, feuern alle an, denn sie sind unparteiisch. Schade nur, dass sie schwer zu verstehen sind. Zachary vergisst ganz, dass er nicht zu Hause ist, und brüllt ihnen in schönstem Aussi-Englisch Anfeuerungsrufe zu. Wäre heute jemand an Sixtus' Hof vorbeigekommen, wer weiß, wie es dann um seinen Ruf und den Eierverkauf bestellt wäre.

In der Küche herrscht Friede, Freude, Eierkuchen und die vier arbeiten nun flüssig nebeneinander, Flügel an Flügel. In der Zwischenzeit hat Dragica drei und Ljubica zwei Eier, die im Wettkampf zu Bruch gegangen sind, in die Küche gebracht. Das bedeutet, dass Sixtus' Mannschaft jetzt in der Eier-Challenge vorne liegt, da Dragica Bartls Gruppe betreut. Louis und Edith freuen sich insgeheim für ihren Bauern. Den Eierbruch benötigen Louis und Josef für die Nachspeise. Deshalb haben sich die beiden wohlweislich verschiedene Rezepte zurechtgelegt, denn keiner konnte im Vorfeld wissen, wie viele Eier beim Wettkampf zu Bruch gehen würden. Für den Fall der Fälle, wäre kein Ei zu Bruch gegangen, hätten sie ein Quittenkompöttchen mit zarter Minznote zubereitet.

Da aber nun fünf Eier zur Verfügung stehen wird Louisens Traum wahr, denn sie werden eine exquisite Baiser-Torte backen und mit Himbeercreme, hauseigene Himbeeren natürlich, füllen. Edith und Camilla flattern emsig zum Misthaufenhochbeet, um die benötigte Menge an Himbeeren zu pflücken, während Josef, unter Anweisung von Louis, beginnt, den Teig zu rühren.

Im Hof hat währenddessen die letzte Runde des Staffelbewerbes begonnen und die Gruppe Bartl liegt nur noch eine halbe Flügellänge vorne. Total aufgeregt fuchteln Sixtus und Bartl mit ihren Armen in der Luft herum. Bartl hat vor Aufregung bereits etwas Milch verschüttet. Zsofia, die Stärkste und das Schlusslicht, hat sich auf den Weg gemacht und Sixtus hofft darauf, dass sie den kleinen Vorsprung von Bartls Team nicht nur aufholen, nein, auch vergrößern kann und als Siegerin ins Ziel kommt.

Schon beim Schwimmen über den See ist Zsofia mit ihrer Gegnerin gleichauf und Sixtus' Aufregung ist am Höhepunkt angelangt. Welches der beiden Mädels sein Ei nach dem Korbwurf zuerst auffängt, hat gewonnen. Schon nähern sie sich dem Hof und das Geschrei, Gegacker, Gemuhe und Gequiecke ist so laut, lauter als das Traktorgeräusch von Sixtus' altem Gefährt. Die beiden Wettkämpferinnen laufen in den Hof ein, nähern sich dem Korb und werfen ... Es ist kaum zu glauben, sie fangen es gleichzeitig wieder auf und keines geht zu Bruch. Ein Wahnsinn, beide Mannschaften haben gewonnen!

Alle Mädels flattern aufgeregt, umflügeln sich ausgiebig und gratulieren einander. Sixtus und Bartl sehen sich sprachlos an und nach gefühlten zehn Minuten fallen sie sich, kräftig anerkennend auf den Rücken klopfend, in die Arme. Zachary nimmt beide in den Arm und Candice flattert mit Prudence zu den anderen, um ihnen auch zu gratulieren. Sixtus und Bartl stoßen mit der Tasse restlicher Milch an und machen sich mit einem festen Handschlag aus, dass jeder das Feld des anderen mähen wird, nur so zum Spaß.

„Da wäre aber noch die Eier-Challenge“, meint Sixtus, die er noch in letzter Minute gewonnen hat. „Ein Ei weniger Bruch“, betont er nachdrücklich. Nach kurzem Nachdenken meint Zachary, dass es doch schön wäre, wenn seine Prudence dafür auch am Hof von Sixtus bleiben könnte. So hätte Sixtus seinen Gewinn und Prudence ihren Willen. „Ausgemacht“, meint Sixtus und streckt Bartl die Hand als Einverständnis entgegen. Bartl nimmt seine Hand und der Handel ist erst dann beschlossene Sache, als Sixtus einwilligt, alle vierzehn Tage sieben Eier von Prudence an seinen Bruder abzugeben.

So gehen nun alle zufrieden in die Hühnerresidenz vulgo Hühnerstall, um sich von den Kochkünsten ihrer Hähne überraschen zu lassen. Sixtus und Bartl gratulieren ihren Hühnern für die tolle Leistung, wobei Sixtus die anerkennenden Worte seines Bruders auf Gackerisch übersetzt. Alle versprechen, sich gegenseitig alle vierzehn Tage zu besuchen, um einerseits die Eier von Prudences Bartl zu übergeben und anderseits sich gemeinsam auf die nächste Competition, auf *Austria's Next Topchicken*, vorzubereiten. Prudence, die jetzt erst mitbekommen hat, dass sie hier bei Candice am Hof bleiben darf, flattert auf die Schulter von Sixtus und gackert ihm ein Dankeschön ins Ohr.

Das Essen schmeckt allen vorzüglich und Josef bekommt viel anerkennendes Gegacker von seinen Mädels und ein großes Lob von seinem Bauern, indem er meint: „Gut gemacht, Seppl.“ Und da Josef eben doch Josef ist und man sich eben doch nicht so schnell völlig ändern kann, stolziert er, den Kochlöffel schwingend, durch die Reihen und dokumentiert bei jedem Gang, außer bei der Vorspeise, die aufwendige Zubereitung derer. Louis lächelt nur, denn er weiß, dass er einen Freund gewonnen hat und Josef tief in seinem Herz ein guter Kerl ist.

Zu Besuch bei Bartl und Seppl

Gleich den kommenden Sonntag nach dem Wettkampf, so haben es sich Sixtus und Bartl noch während des Gourmet-Mittagessens ausgemacht, sollen die Sixtusianer einen Besuch bei Bartl abstatten. Darauf freuen sich die Hühner, denn sie waren noch nie auf seinem Hof und eine Abwechslung nach den anstrengenden Trainingswochen kommt ihnen sehr gelegen.

So machen sich alle bereit für den Besuch auf Bartls Hof. Louis hat, wie versprochen, Josef das Kräutersülzchenrezept mit seiner schönsten Schrift auf eine Eierverpackung gekrakelt, in die Edith die Eier von Prudence, die sie schon die ganze Woche gesammelt hat, fein säuberlich verstaut. Da die Eier so groß sind, schließt die Box nicht ordentlich und Edith muss sie noch mit ein paar langen Grashalmen fixieren. Gleich früh am Morgen hat Sixtus wie immer seine Kühe gemolken, zwei Liter frisch gemolkene Milch abgezweigt und in eine Kanne gegossen. „Als Mitbringsel", hatte er zu Zachary gemeint, „denn Bartl besitzt keine Kühe".

Auf Bartls Hof leben außer seinen Hühnern noch fünf Ziegen, sieben Lamas und drei Schweinchen. Die Schweinchen hält er sich, wie Sixtus auch, nur so just for fun, denn Schweinchen sind hübsch anzusehen, besonders wenn es geregnet hat und sie sich in der weichen Matscherde so richtig schön gesuhlt haben, bis sie rundum wie mit Semmelbrösel paniert aussehen. Dann setzt sich Bartl auf die Gartenbank und beobachtet sie bei einer Tasse Ziegenmilch. „Das ist besser als fernsehen", wiederholt er immer wieder, denn aus diesem und vielen anderen Gründen besitzen die beiden Brüder keinen Fernseher. Sie haben nur ein Radio, denn was in der Welt so vor sich geht, wollen sie dennoch wissen. Auch wenn beide in einem kleinen Dorf wohnen, hat Bartl oft betont: „Leben wir ja nicht hinter dem Mond und sind keine Hinterwäldler", und Sixtus hat zustimmend genickt.

Summer, Holly und Millie haben sich für den Besuch wieder einmal ganz besonders schick gemacht und sich sorgfältig herausgeputzt, um, sollten sie auf dem Weg jemandem begegnen, einen guten Eindruck für ihren Bauern zu hinterlassen, erklärt Summer aufgeregt. Prue, so wird sie jetzt, seit Prudence aus Sydney bei ihnen lebt, nicht nur von Zsofia genannt, packt heute keine Trainingssachen ein. Sie setzt sich ihren Strohhut auf und rollt ihre Strohmatte zusammen. „Zum ausgiebigen Faulenzen und Sonnenbaden", gackert sie ebenfalls aufgeregt. Dragica und Ljubica haben ihr selbst gebasteltes Brettspiel *Fuchs und Henne* eingepackt, das sie schon lange mangels Zeit nicht mehr gespielt haben.

Als alle fertig sind, holt Sixtus unter heftigem Geknatter seinen Traktor aus der Scheune und hängt mit Zachary den Anhänger an die Kupplung. Millie stellt fest, dass für so eine sonntägliche Ausfahrt ins Grüne doch wohl etwas Schmuck an den Anhänger angebracht werden sollte. Da sich alle einig sind, selbst Sixtus nickt lächelnd zustimmend, machen sich alle sofort ans Schmücken. Efeuranken rund um den Anhänger, dazwischen rote Geranien und rosa Rosenblüten. Als Highlight noch Kapuzinerkresse-Blüten, die ja besonders kräftig leuchten, von der Wiese weiße Margeriten, alles mit Grashalmen befestigt und schon kann es losgehen.

Unter lautem Geknatter, Gegackere und einem überaus kräftigen: *„Et coco! Et coco!"*, denn auch Louis ist aufgeregt und hat deshalb leicht die Kontenance verloren, tuckert die illustre Runde vom Hof. Die meisten von ihnen haben ihren Hof schon lange nicht mehr verlassen und mit heftigen Gegacker und Geflatter dokumentieren sie die wunderbare Landschaft, das Flüsschen, das offensichtlich in ihren See mündet, jedes Haus, an dem sie vorbeikommen, und jedes noch so kleine Blümchen. Die Leute, die ihnen auf dem Weg begegnen, staunen nicht schlecht und winken der heiteren Gesellschaft freudig zu. „Mit Sicherheit schadet dieser Ausflug meinem Ruf ganz und gar nicht, denn dass dies glückliche Hühner sind, können nun alle mit eigenen Augen sehen. Und Eier von glücklichen Hühnern, ob geschüttelt oder gerührt, mag jeder", denkt sich Sixtus und lächelt glücklich. Ihm war vorher gar nicht bewusst, dass aus dem Besuch bei seinem Bruder eine ausgesprochen wirksame Werbefahrt werden könnte. Sehr heiter tuckert er weiter in Richtung Bartls Hof.

Dort sind schon alle im Innenhof versammelt und erwarten freudig ihren Besuch, denn sie hatten noch nie Besuch, nur Kundschaft – und das ist etwas ganz anderes. Die Mädels flattern gleich auf den Anhänger, sie umflügeln sich und bestaunen die schöne Dekoration. Edith ist leicht nervös, denn sie hat etwas Sorge um die mitgebrachten Eier von Prudence. Sie will nicht, dass bei dem Tumult noch in letzter Minute eines zu Bruch geht. Schnell hüpft sie vom Anhänger, bittet Katharina, die Eier in Empfang zu nehmen und sie sofort zu kontrollieren. Katharina ist genauso erstaunt, wie Edith es war, denn es ist auch für sie das erste Mal, dass sie so große Eier in ihren Flügeln hält. Sie meint etwas besorgt: „Hoffentlich werden wir nicht alle ausgetauscht, denn diese Eier sind wirklich etwas Besonders und werden unserem Bauern von den Kunden sicher aus der Hand gerissen werden.“ Leise vor sich hin gackernd bringt sie die Eier in Sicherheit und Edith folgt ihr durchaus auch etwas bedrückt, denn an diese Möglichkeit hatte sie noch gar nicht gedacht.

Der Rest der Gesellschaft ist ausgelassen und fröhlich, selbst Louis hüpft übermütig vom Anhänger und begrüßt Josef äußerst überschwänglich. Heute ist Josef an der Reihe, dem Besuch seinen Hof zu zeigen. Nicht ohne Stolz, denn seine Mädels und er haben ganze Arbeit geleistet, putzt und gewienert, damit alles blitzblank ist, schreitet er allen voran durch den Hof. Am Misthaufenhochbeet angelangt, präsentiert er seine neuesten Errungenschaften, die ihm Bartl beim letzten Besuch in der Stadt vom Gemüsemarkt mitgebracht hat. Gurken- und Tomatenpflänzchen, an denen man bereits die kleinen Früchte sehen kann. Louis ist begeistert und nimmt sich vor, seinen Bauern ebenfalls zu bitten, nicht nur die Zeitschriften für die Mädels, sondern auch Gemüsepflänzchen mitzubringen.

Dann gehen sie weiter zum Lamagehege, dass sich hinter dem Misthaufenhochbeet befindet. „Aber Vorsicht, die spucken“, will er gerade noch rufen, als auch schon Millie, die ganz besonders neugierig gleich ganz nahe zu den Lamas gelaufen ist, eine Ladung Spucke direkt auf den Schnabel bekommt. Man kann sich das Gegacker vorstellen, nur Summer und Holly finden das nicht lustig, eilen ihrer Freundin zu Hilfe und säubern ihren Schnabel mit in Duftwässerchen getränkten Tüchern.

Millie ekelt es so sehr, dass sie Mühe hat, das Würgen zu unterdrücken und so ihr Frühstück im Magen zu behalten, denn noch ein Missgeschick wäre ihr zu peinlich gewesen. Die anderen schütteln sich vor Lachen und halten genug Abstand zu den Lamas.

Josef und Camilla haben sich für das heutige Mittagsmenü besonders viel Mühe gegeben. Sie wollen nicht nur Louis beeindrucken, auch ihr Bauer soll stolz auf sie sein. Als Vorspeise haben sie ein Kräutersüppchen mit kleinen Maisbrotcroûtons geplant, dann Wurm-Moussaka mit einem kleinen Feldsalat. Den hat Camilla bereits nach dem Frühstück ganz frisch am Bächlein gepflückt. Zur Abrundung seines Menüs Seppls Mädchentraum, der ihm beim Kochwettstreit so richtig in die Hose gegangen war. Er hat mit Camilla geübt und ihre gesamte Mädchenschar war sich einig, dass er wirklich ausgesprochen gut schnäble. Dazu haben sie bereits gestern ein Apfelkompöttchen gekocht, darauf heute als Topping noch karamellisierte Apfelscheiben drapiert werden.

Das ist ein wahrer Festschmaus und alle sind begeistert über seine Kochleistung, obwohl das Feldsalätchen etwas matschig ist. „Wahrscheinlich hat er es aus Nervosität zu früh angerichtet", denkt sich Louis, hat aber nur anerkennende Worte und einen kräftigen Flügelschlag als Lob. Alle sind überaus zufrieden und ausgelassen. Bartl, Zachary und Sixtus sitzen bei einer Tasse Ziegenmilch gemütlich plaudernd auf der Gartenbank und beobachten ihre glücklichen Hühner. „Ein überaus gelungener Sonntag", lobt Sixtus seinen Bruder.
Nur Millie ist noch etwas angesäuert. „Dass das nur mir passieren musste", lamentiert sie vor sich hin, „mir ist noch immer übel." Obwohl beim Essen davon gar nichts zu sehen war, so genüsslich hat sie das Wurm-Moussaka verschlungen. Auch Edith kann den Sonntag nicht so richtig genießen, denn ihr gehen die Worte Katharinas nicht mehr aus dem Kopf, und das leicht mulmige Gefühl, dass sich bei ihr in der Magengegend breitgemacht hat, ist noch immer da.

Ediths Befürchtungen

Am Hof von Sixtus ist wieder der normale Alltag eingekehrt. Summer, Holly und Millie stöbern in der neuesten Ausgabe *Best Chicks*, um sich rasch einen Überblick über die allerneuesten Schminktechniken zu verschaffen, denn die Hühnerschau *Austria's Next Topchicken* rückt immer näher und in den letzten Wochen war kaum Zeit dafür. Ihr morgendliches Yoga haben sie bereits hinter sich gebracht und beim Frühstück haben sie nur einen kleinen Salat geschnäbelt, denn jetzt möchten sie ganz besonders auf ihre Figur achten.

Zsofia und Prue bereiten sich ebenfalls vor, indem sie wieder mit dem Korbballtraining begonnen haben. Mittlerweile hat sich auch Prue schon schöne, stramme Waden und einen knackigen Po antrainiert und darüber ist sie sehr froh, auch weil ihr Louis des Öfteren anerkennende Worte ins Ohr flüstert.

Das wiederum gefällt Edith ganz und gar nicht und auch die Australierinnen sind ihr ein absoluter Dorn im Auge. „Was ist, wenn der Bauer uns wirklich austauscht?" Dieser Gedanke geht ihr noch immer nicht aus dem Kopf und deshalb kann sie sich mit Candice und Prudence absolut nicht anfreunden. Schon täglich diese großen Eier sehen zu müssen, macht ihre Sorge nicht kleiner. Griesgrämig und leise vor sich hin gackernd hilft sie Louis in der Küche bei der Zubereitung des Mittagessens. Bislang hat sie das sehr gerne gemacht und es ist ihr eine lieb gewonnene Tätigkeit geworden, aber seit Louis nun Prue ins Ohr flüstert, hat sie die Freude daran etwas verloren. Sie fühlt sich ausgesprochen schlecht und ihre Angst und Eifersucht machen sie missmutig.

Louis ist natürlich aufgefallen, dass mit Edith seit dem Besuch bei Bartl etwas nicht stimmt. Er will sie jedoch nicht ausfragen und hofft, dass sich ihre Laune wieder von selber bessern wird. Er geht seiner gewohnten Küchentätigkeit nach, sucht Würmer zum Einlegen für die trockenen Tage und kümmert sich um sein Misthaufenhochbeet.

Heute steht die Zubereitung von Kräuterpestos auf dem Programm. Verdrießlich geht Edith mit Louis hinter den Hof, um gemeinsam die schönsten Kräutlein zu pflücken. Lieblos rupft sie diese aus der Erde, wofür sie prompt ermahnende Blicke von Louis erntet.

In der Zwischenzeit haben sich auch Candice und Prudence zu den anderen gesellt und Dragica erklärt den beiden das Korbballtraining. Alles nimmt seinen vermeintlich gewohnten Lauf. Heute, bereits ganz früh am Morgen, ist Sixtus mit seinem Traktor in Richtung Bartls Hof losgetuckert, um seine Wettschuld einzulösen und, wie ausgemacht, seine Wiese zu mähen. Im Gepäck hat er selbstverständlich eine Kanne frische Kuhmilch und hofft insgeheim auf ein Stück Ziegenkäse im Austausch.

Alles scheint also wie immer, bis auf Ediths Laune, die richtig mies ist. Leise vor sich hin gackernd hilft sie Louis, die Kräuter zu säubern und für das Pesto vorzubereiten. Dann schleicht sie in den Innenhof, um die Kartoffeln für das Mittagessen zu waschen. Candice und Prudence sehen, wie Edith sich am Brunnen abmüht, und eilen ihr rasch zu Hilfe. Sie haben bereits bemerkt, dass Edith etwas gegen sie haben dürfte, denn jeden Morgen bei der Eierübergabe wirft sie ihnen beiden einen unmissverständlich feindlichen Blick zu.

Am Brunnen angelangt, schnappen sich die beiden ein paar Kartoffeln und wollen mit dem Waschen beginnen. Edith ist überrascht, erstaunt und gleichzeitig absolut aufgebracht. „Wollt ihr mir meine Arbeit auch noch wegnehmen?“, gackert sie so hysterisch, dass sich ihre Stimme förmlich überschlägt. Mit heftigen Flügelschlägen, so heftig, dass ihre Federn nur so wegfliegen, versucht sie, die beiden davonzujagen.

Alle, sogar Louis in der Küche, haben den Tumult am Brunnen gehört und sind sofort hingestürmt. Sie finden Edith, mitten unter ihren Kartoffeln, heulend und völlig zerzaust am Brunnen sitzen. Candice und Prudence haben sich entsetzt und ängstlich in die hinterste Ecke des Innenhofes geflüchtet und sitzen dort eingeschüchtert und die Flügel vor ihre Augen gepresst. Louis versucht mit sanften Worten, Edith zu beruhigen, während die anderen zu Candice und Prudence eilen.

Unter Tränen und schluchzend erzählt Edith, die sich in den Flügeln Louis langsam wieder beruhigt, ihre Ängste. Louis nimmt sie liebevoll fest in seine Flügel und versichert ihr, dass ihre Befürchtungen nur ein Hirngespinst seien, ihr Bauer das niemals tun würde, und dass gerade die bunte Mischung es ausmache. Der Bauer wisse wohl, was er an seinen Mädels habe – und ebenso seine Kunden. „Also beruhige dich wieder."

Edith drückt sich ganz fest in Louis' Flügel und genießt ausgiebig die Situation, bevor sie sich wieder mit den Kartoffeln beschäftigt. Candice und Prudence, die sich ebenfalls wieder beruhigt haben, wagen sich nochmals zum Brunnen. Edith nickt ihnen zu und mit etwas Abstand zueinander waschen sie nun gemeinsam die Kartoffeln für das Mittagessen.

Vorbereitungen auf Austria’s Next Topchicken

Die Lage am Hof von Sixtus Hinkel hat sich wieder entspannt und Edith hat sich nun vollends beruhigt. Mittlerweile hat sie schon einige lobende Worte für Candice und Prudence, wenn sie nach dem Wiegen und der Eierkontrolle beider Eier sie in einem extra Korb verstaut. Die beiden geben sich redlich Mühe und schaffen es des Öfteren, zwei Eier am Tag zu legen. Und das imponiert wiederum Edith sehr, denn dass man zwei so große Eier an einem Tag legen kann, ist für sie ein riesiges Wunder. Aufgeregt gackert sie dann den beiden leise ein: „Bravo“, ins Ohr, denn sie will auch nicht, dass die anderen eifersüchtig werden. Friede am Hof ist ihr das Wichtigste, auch weil ihr Angebeteter Louis die Ruhe in seinem Hühnerstall sehr schätzt.

Heute ist wieder der allvierzehntägige Sonntag, an dem sie gemeinsam mit ihrem Bauern einen Ausflug zu Bartls Hof machen, um die Eier von Prudence abzugeben und um sich über die neuesten Schminktechniken auszutauschen, denn die große Hühnerschau *Austria’s Next Topchicken* rückt immer näher. So machen sich alle auf, den Anhänger mit bunten Blumen zu dekorieren, denn sie wollen auch weiterhin werbetechnisch ihrem Bauern unter die Arme greifen.

Dann geht es unter fröhlichem Gegacker und lautem Getucker los. Sixtus hat selbstverständlich eine Kanne Kuhmilch abgezweigt, denn Bartls Ziegenkäse schmeckt ihm so gut, dass er hofft, für seine Milch wieder ein Stück davon zu bekommen. Auf seinen alten, speckigen Filzhut, denn er hat leider keinen Sonntagshut, hat er ein Sträußlein Vergissmeinnicht gesteckt, das Prue ihm zwecks Verschönerung gepflückt hat.

Ausgelassen kommentieren sie wieder jedes Bächlein und jedes Häuschen, an dem sie vorbeikommen, flügeln den Passanten zu, die auf dem Weg in die nahe gelegene Kirche sind, und Sixtus hebt grüßend, einen schönen Sonntag wünschend, seinen Hut. Gut gelaunt grüßen die Leute zurück und die Kinder laufen der lustigen Gesellschaft hinterher. „Die beste Werbung für meine Eier", denkt sich Sixtus wiederum und tuckert glücklich weiter.

Auf Bartls Hof angekommen, warten schon alle im Innenhof. Edith übergibt sorgsam und nicht ohne Stolz Katharina die Eier von Prudence, die ihrerseits auch immer wieder laut gackernd die tollen Eier kommentiert. Die anderen hüpfen vom Anhänger und gesellen sich freudig gackernd zum Rest der Truppe. Sixtus steigt, wie immer gemächlich, von seinem Traktor und begrüßt mit einem kräftigen Schulterklopfer seine beiden Brüder, denn Zacharias ist mittlerweile zu Bartl gezogen, um auch ihm nahe sein zu können, bevor er wieder seine lange Reise nach Australien antreten wird.

Mit einer Tasse frischer Kuhmilch setzen sie sich auf die Gartenbank und beobachten die Schweinchen, die sich ausgelassen im Schlamm suhlen, denn es hat die letzten zwei Tage kräftig geregnet und der Innenhof ist voller herrlicher Schlammlöcher. Summer, Holly und Millie versuchen krampfhaft, diesen auszuweichen, denn sie haben sich für den heutigen Tag wieder besonders schick gemacht. Millie steckt das Missgeschick mit dem Lama noch immer in den Federn und sie ist darum besonders vorsichtig. Die drei haben heute nämlich die ehrenvolle Aufgabe, ein sogenanntes Schmink- und Pflegeseminar, einen Kurs zur Erlernung der neuesten Schmink- und Cremetechniken, abzuhalten und haben darum die frisch eingetroffenen Zeitschriften und ihre gesamten Utensilien mitgenommen. Summer ist für die Federngeschmeidigkeit und deren Glanz zuständig, Holly für die Schnabelpolitur und Farbgestaltung und Millie für Bein- Fuß- und Krallenpflege samt Lackwahl.

Zu diesem Zwecke begeben sich die drei Mädels sogleich in den Hühnerstall, in dem es ausgesprochen gut nach leckerem Essen duftet. Josef und Camilla sind nämlich emsig in der Küche zugange und bereiten schon das Mittagessen vor. Sorgsam breiten die drei ihre Utensilien und die mitgebrachten Zeitschriften auf dem Tisch aus und beratschlagen darüber, wer von ihnen mit dem Vortrag beginnen soll. Alle sind sich einig, es muss mit der Federnpflege begonnen werden. Summer, schon leicht nervös, denn sie hat noch nie vor so vielen Mädels einen Vortrag gehalten, macht noch schnell ein paar Yogaübungen zur Beruhigung.

Millie, wie immer schusselig und natürlich extrem nervös, muss leider feststellen, dass sie im Anhänger die ganze Krallenlackkollektion vergessen hat, und macht sich hektisch flatternd auf den Weg in den Hof. Dort hocken alle fröhlich gackernd im Kreis und erzählen sich die Neuigkeiten der letzten beiden Wochen. Millie läuft gestresst rund um sie herum, um zum Anhänger gelangen zu können, und hat prompt die Schweinchen vergessen, die sich noch immer fröhlich und ausgelassen im Schlamm suhlen. Just in diesem Moment spring das jüngste Schweinchen ausgelassen im Bocksprung über seine Schwester und landet mit einem Popoklatscher im Matsch, sodass es nur so spritzt und eine mächtige Ladung Schlamm direkt auf Millies Kopf landet.

Millie, völlig davon überrascht, verliert prompt die Orientierung, da sie ja nichts mehr sehen kann, und landet in der Schlammkuhle. Bis über dem Bauch steht sie heftig flatternd und gackernd im Dreck. Prue, die als Erste das Missgeschick entdeckt, eilt ihr zu Hilfe und zieht sie aus dem Matsch. Heulend und jammernd, denn ihre frisch gecremten Beinchen und lackierten Krallen seien jetzt völlig im Hühnerpopo, führt Prue sie zu den anderen, die sich bereits vor Lachen die Bäuche halten. Beleidigt schüttelt Millie sich den Schlamm aus den Federn und wischt sich über die Äuglein. „Warum immer ich“, lamentiert sie leise.

Nach einer kurzen Weile, denn Millie ist zwar schusselig, aber nicht dumm, sagt sie zu den anderen, dass so eine Schlammpackung die beste Pflege für Haut und Federn sei und jeder heute so eine Packung guttun würde. Sie wollte einfach nur eine lustige Performance hinlegen, um alle leichter dazu animieren zu können. „Heute ist Summers, Hollys und mein Kurs, doch erst muss die Haut gut gepflegt sein. Das ist heute mein Beitrag zur richtigen Pflege", erklärt sie heftig gestikulierend. „Also, auf, auf, Mädels, ab in die Schlammkuhle, nur das Beste für Haut und Federn." Unter freudigem Gegacker springen alle Mädels, außer Edith und Katharina, denen so eine intensive Pflege nicht so wichtig ist, in die Schlammkuhle zu den Schweinchen.

Die drei Bauern, die das Treiben in der Schlammkuhle beobachten, staunen nicht schlecht über ihre Hühner, die sich nun genüsslich im Dreck wälzen. Nach dem ausgiebigen Schlammbad schütteln sich alle die Federn durch, stellen sich unter den Gartenschlauch und begeben sich dann fröhlich gackernd und ausgelassen, jedoch ziemlich zerrupft in den Hühnerstall zum Schminkkurs. Summer, Holly, Louis und Camilla sind sichtlich verblüfft, verwundert und sprachlos. Louis ist am meisten erstaunt, denn so *nackt* hat er seine Mädels noch nie gesehen. Und Summer, ja Summer ist froh, nun doch keinen Vortrag abhalten zu müssen, und entspannt sich mit dem Yoga-Sonnengruß.

Gackerübungen

Der Sonntag vor vierzehn Tagen hat viel auf beiden Höfen verändert, es hat die Mädchenschar noch fester zusammengeschweißt, denn so ein gemeinsames Bad im Schlamm ist gerade für Hühner eine außergewöhnliche Sache. Selbst Edith, Katharina, Camilla, Summer und Holly haben sich schlussendlich in der Schlammkuhle gewälzt, um sich mit ihrer Schar zu solidarisieren. Und es hat ihnen sichtlich Spaß gemacht, denn sie haben ein wirklich ausgiebiges Bad genommen. Fröhlich gackernd und sich mit Schlamm bewerfend haben sie sich verhalten wie ein paar Junghühner. Nur Louis und Josef haben das Treiben eher distanziert betrachtet und waren sich zum ersten Mal einig, dieses kindische Verhalten nicht mitmachen zu wollen, denn schließlich seien sie die Chefs und die Hähne im Korb.

Heute ist also wieder der Sonntag an dem Bartl, Zacharias, Josef und deren Hühner zu Sixtus auf den Hof kommen werden. „Gut, dass es die letzten zwei Wochen nicht geregnet hat“, denkt sich Louis, „und die Schlammkuhlen bereits wieder ausgetrocknet sind.“ Bartl, der die Werbewirksamkeit der Fahrt durch seinen Bruder gelernt hat, denn Sixtus’ Eierabsatz hat sich verdoppelt, knattert mit seinen Hühnern auf dem gänseblümchengeschmückten Anhänger, Josef und Zacharias jeweils am Nebensitz, ein in den Innenhof. Im Gepäck natürlich ein großes Stück Ziegenkäse und eine Kanne frischer Ziegenmilch.

Gleich gesellen sich Bartls Hühner zu den anderen und er selbst und Zacharias zu Sixtus auf die Gartenbank. Der erwartet die beiden schon mit drei leeren Tassen und ein paar Scheiben Schwarzbrot und Butter in der Hoffnung auf ein Stück des heiß geliebten Ziegenkäses.

Josef und Camilla rauschen ab in die Küche zu Louis und Edith, die bereits fleißig bei den Vorbereitungen für das Mittagessen sind. Kohlrabi-Gazpacho, Maislaibchen mit Gänseblümchenpesto, ein kleines Feldsalätchen mit Walnusskernen der letzten Ernte und karamellisierte Blumenkohlröschen auf Erdbeergelee soll es heute geben. „Ein sehr exquisites und außergewöhnliches Menü“, kommentiert Josef fachkundig und macht sich daran, den Mais zu mahlen. Edith und Camilla fliegen zum Bächlein und pflücken einen Korb voll frischem Feldsalat.

Während in der Küche alle Flügel an Flügel arbeiten, besprechen die anderen im Innenhof die Themen, die sie bei der großen Hühnerbeschau *Austria's Next Topchicken* vortragen werden. Die Sammlung an Inhalten ist wirklich ausgiebig: weltweiter Frieden in den Hühnerställen – biologische Hühnerhaltung – gesunde Ernährung für Biohühner – körperliches Ertüchtigungsprogramm – Kochschulungen für Hähne auf Biohöfen – Gackerisch-Sprachschulungen für Bauern mit biologischer Haltung – Gestaltung eines Misthaufenhochbeetes im Jahreskreis, um nur einige zu nennen. Bald hat jede ihr Fachgebiet gefunden und nun geht es an das Sprachtraining. Dazu hat Prue bereits in den letzten beiden Wochen Eicheln gesammelt und stellt nun den Korb mit dem brisanten Inhalt in die Mitte der aufgeregt gackernden Runde. Erstaunt blicken sie Prue an, als diese ihnen die Übung mit den Eicheln erklärt.

„Ihr müsst die Eichel in den Schnabel stecken und damit versuchen, so deutlich wie möglich zu gackern, denn nur so bekommt ihr eine gute Aussprache – und die ist ein absolutes Muss“, kommentiert sie fachfrauisch und zeigt ihnen die richtige Handhabe vor. Natürlich hatte sie sich schon in den letzten beiden Wochen darüber schlau gemacht und selbstverständlich hatte sie geübt, sodass diese nicht so einfache Übung bei ihr ganz leicht aussieht.

Schnell greift sich jede eine Eichel und steckt diese flugs in den Schnabel. Man kann sich vorstellen, wie lustig sich das anhört, denn krächzendes, gurgelndes Gegacker ist die Folge. Die Bauern, die gerade Ziegenkäse essend und sich unterhaltend auf der Gartenbank sitzen, springen erschrocken auf, denn so ein jämmerliches Gegacker haben sie noch nie gehört. Selbst Sixtus kann keinen einzigen Gackerer verstehen. Aus Angst um ihre Hühner, denn es scheint eine Massenkrankheit ausgebrochen zu sein, eilen Bartl und Zacharias in den Innenhof. Sixtus greift sich noch schnell seinen Koffer mit den Kräutertinkturen, ein Fieberthermometer und ein Hörrohr aus seinem Medikamentenschrank und eilt zu den anderen.

Dort angekommen, fällt er fast aus allen Wolken, denn es scheint eine sehr ansteckende, auf den Menschen übergreifende, Krankheit zu sein, denn nun sprechen auch seine Brüder Unverständliches. Schnell klemmt er Bartl das Fieberthermometer unter die Achsel und gleichzeitig hört er die Lunge von Zacharias ab. Zacharias, der offensichtlich sehr kitzelig zu sein scheint, spuckt die Eichel aus und beginnt heftig, sich den Bauch haltend, zu lachen. Sixtus ist nun komplett verwirrt, denn so einen Krankheitsverlauf hat er noch nie gesehen. Bartl, der die aufrichtige Besorgnis seines Bruders zuerst wahrnimmt, spuckt nun seinerseits seine Eichel aus und versucht, seinen aufgeregten Bruder mit sanften Worten zu beruhigen. Mit Schweißperlen auf der Stirn und hochrotem Kopf setzt sich Sixtus in die Runde und nach einigen Minuten beginnt auch er zu lachen. „Ihr seid mir ein verrücktes Hühnervolk", gackert er glücklich seinen Hühnern zu, die sich voll Besorgnis um ihren Bauern geschart hatten, „mir solche Angst einzujagen." Jetzt verstehen auch die Mädels das Verhalten ihres Bauern und gackern fröhlich mit. Nur Prue schämt sich etwas, denn sie wollte auf keinen Fall ihren Bauern, der sie alle so gern hat und sogar Gackerisch gelernt hat, so erschrecken.

Zum Trost für die Aufregung schenkt ihm Zacharias seinen Strohhut, der ihm wirklich ausgesprochen gut steht, und meint: „That's for sunday, you know, dein Sonntagsausgehhut", und klopf ihm beruhigend auf die Schulter. „So hat diese Geschichte doch etwas Gutes", denkt sich Prue, die sich mittlerweile auch etwas gesammelt hat, „denn der alte speckige Filzhut ist ja wirklich kein Renommee mehr für den Besitzer eines so beliebten Biohofes."

Der richtige Powackler

Zwei Wochen haben sie nun mit ihren Eicheln geübt und mittlerweile haben sich schon einige der Mädels für die große Hühnerschau qualifiziert, denn nur, wer gut gackern kann, kommt in die engere Auswahl. Leider ist Millie nicht in die engere Wahl gekommen, denn sie hatte beim Eicheltraining des Öfteren Probleme. Ihr kleiner Sprachfehler machte es ihr schier unmöglich, die Eichel in der richtigen Position zu halten, und es kam nicht nur einmal vor, dass sie sich fast verschluckt hätte. Prue musste ihr das schweren Herzens mitteilen – und das war nicht einfach, das könnt ihr glauben. Millie war anschließend tagelang den Tränen nahe, konnte keinen Bissen hinunterbekommen und vier Tage kein Ei legen. Damit Edith und ihr Bauer von dem Missgeschick nichts bemerkten, hatte sich Rosemarie bereit erklärt, an den vier Tagen zwei Eier zu legen.

Edith hingegen ist sehr froh, dass sie an dieser Schönheitswahn-Veranstaltung nicht mehr teilnehmen muss. Sie weiß, dass sie auch so auf diesem Hof unverzichtbar ist, denn immerhin ist sie die Eier-Controllerin und Beiköchin Louisens. Katharina, ihre Kollegin auf Bartls Hof, ist da viel ehrgeiziger, sie will unbedingt gewinnen und meint, dass nicht nur Karriere, sondern auch die Schönheit wichtig wäre. Edith juckt das ganz und gar nicht, denn sie hat sich ihren Platz im Hühnerstall hart erarbeitet und ist mit ihren beiden Jobs völlig glücklich und ausgelastet ... und findet sich trotz ihres Suppenhuhn-Alters durchaus attraktiv.

Heute ist wieder der besagte Sonntag und die illustre Runde macht sich auf den Weg zu Bartls Hof. Millie hat sich mittlerweile etwas beruhigt und ist mit von der Partie, denn Trübsal blasen hilft ihr auch nicht weiter, das hat sie einsehen müssen. Mit geschmücktem Anhänger, fröhlich gackernd und den Passanten zuwinkend geht es durch die kleinen Dörfer. Sixtus mit seinem Strohhut auf dem Kopf nickt und winkt allen grüßend zu.

Dort angekommen, beginnt wieder das gewohnte Ritual. Die drei Bauern setzen sich auf die Gartenbank, trinken die frische, rahmige Kuhmilch, die Sixtus selbstverständlich mitgebracht hat, und essen den heiß geliebten Ziegenkäse. Edith übergibt Katharina die Eier von Prudence und stolziert anschließend mit Louis in die Küche zu Josef und Camilla, die die beiden mit einem Gläschen Gänsewein begrüßen. Die anderen versammeln sich im Innenhof und Prudence stellt ihre Vorauswahl für die große Hühnerschau den Nachbarmädels vor. „Dragica, Summer, Zsofia und Candice sind die besten sprachtechnisch", erklärt sie lächelnd und die vier verneigen sich ganz topchickenmäßig. „Wir werden sehen, wer jetzt noch bestens das Laufstegtraining absolviert, denn der richtige Popowackler ist nebst Klugheit und Sprache auch noch sehr wichtig. Dann werden wir alle entscheiden, wer auf die große Hühnerschau fahren darf."

Gleich im Anschluss werden die drei Mädels von Bartls Hof vorgestellt. Cornelia, die Anführerin, meint bedauernd, dass sich leider nur drei dafür qualifizieren konnten, da sie alle durch Seppls sprachlichen Einfluss etwas in Mitleidenschaft gezogen und dadurch nicht jede Hochgackerisch sprechen könne. Prue schickt nun Prudence, die sich nur knapp nicht qualifizieren konnte, ins Rennen zu Bartls Mädels. Nun ist der Stand ausgeglichen und es kann losgehen mit dem Laufstegtraining. Der Rest der Mädels legt sich zum Relaxen ins Gras und die verbleibenden acht beginnen den Ausführungen von Summer, die sehr gut popowackeln kann, aufmerksam zuzuhören. Ganz in ihrem Element zeigt Summer ihre Laufstegkünste. „Mit gestreckten Krallen zur Ferse abrollend, einen Schritt vor den anderen, jedoch immer genau vor den jeweilig anderen Fuß, denn das unterstützt das Wackeln", kommentiert sie, während sie den Weg, der durch den Innenhof führt, auf und ab geht. „Immer einen noch zusätzlich leichten Schwung mit der Hüfte und schon wackelt euer Popo aufs Feinste." Die Bauern amüsieren sich köstlich und Sixtus ist sehr stolz auf seine Hühner. Insgeheim hofft er, dass dieses Mal eines seiner Hühner die große Hühnerschau gewinnen wird.

Nun sind die anderen an der Reihe und ein Mädel nach dem anderen probiert, unter den Anweisungen Summers, den Popowackler. Es scheint gar nicht so einfach zu sein, denn die eine und die andere stolpert tollpatschig über ihre eigenen Füße. Zsofia, deren stramme Waden zwar im Wettkampf sehr hilfreich sind, stehen ihr nun absolut im Wege. Etwas unbeholfen und steif versucht sie, so grazil wie möglich popowackelnd den Weg entlangzuschreiten. Die anderen kommentieren ihre Bemühungen mit heftigem Lachen und werfen sich die Bäuche haltend auf den Rücken. Auch Sixtus ist über die clowneske Vorstellung äußerst amüsiert und gackert ihr ein fröhliches: „Zsofia, wir sollten einmal eine Zirkusvorstellung geben, du bist wirklich spitze", zu – und das waren schon viele Worte für Sixtus.

Im Ausschlussverfahren kommen Prue und Cornelia zur Entscheidung, dass Summer und Prudence die beiden Kandidatinnen sind, die bei der Wahl zu *Austria's Next Topchicken* teilnehmen werden. Beim äußerst exquisiten Mittagsessen und bei einem Gläschen Gänsewein feiern sie ihre beiden Kandidatinnen und lassen sie hochleben. Nur ein kleiner Wermutstropfen stört die ausgelassene Gesellschaft, denn Zacharias wird leider nicht dabei sein können, denn sein Flug zurück nach Australien ist bereits in drei Tagen.

Die große Hühnerbeschau

Heute ist der Tag der Tage. Heute geht es nach Wien zur großen Hühnerbeschau *Austria's Next Topchicken*. Summer und Prudence haben sich gut vorbereitet. Die gesamte letzte Woche waren sie vom Eierlegen befreit, denn Rosemarie und Maria haben an ihrer statt jeden Tags zwei Eier gelegt. Eichelsprachtraining, der richtige Popowackler und Federn-, Krallen- und Schnabelpflege standen auf dem Programm. Summer hat mit Prudence den Popowackler ausgiebig geübt und Prudence im Gegenzug ihr etwas Englisch beigebracht. „Denn das könnte unter Umständen ein Pluspunkt bei der Entscheidung sein", meinte sie. Zwei Mal haben sie sich gegenseitig Klettenwurzelöl auf die Federn gestrichen. So würden diese einen besonderen Glanz erhalten, stand in der Modezeitschrift *Topchicks*.

Top gestylt und gepflegt, Louis ist ganz entzückt, sind sie bereit für die große Fahrt. Prue, Zsofia und die anderen haben sich heute besonders viel Mühe gegeben und den Anhänger mit den schönsten Blüten und Blättern geschmückt. Louis und Edith haben bereits gestern einen riesigen Topf Kürbisgulasch gekocht und dazu Maisbrötchen gebacken, alle müssen satt werden, denn die Reise nach Wien ist lang. Bartl, Josef und deren Mädels sind längst schon, mit einem ebenso schön geschmückten Anhänger, am Hof eingetroffen. Ihr aufgeregtes Gegacker hat die Kühe und Schweinchen angesteckt, die nun ihrerseits den Tumult, lautstark muhend und quiekend, kommentieren. Josef eilt noch schnell in die Küche zu Louis und Edith, denn er braucht noch etwas Staubzucker für seinen Mohn-Maisauflauf, den er für diesen besonderen Tag extra kreiert hatte. Josef ist sehr stolz auf seine Eigenkreation und auch Louis muss zugeben, dass seine Nachspeise deliziös schnäbelt. Sixtus und Bartl trinken zur Stärkung noch eine Tasse frischer Kuhmilch und essen dazu ein Stück von Bartls exquisiten Ziegenkäse. Gut ausgerüstet, gut gestärkt und bestens gelaunt, obwohl Summer und Prudence doch ziemlich nervös sind, machen sie sich unter lautem Traktorengetucker auf die Reise nach Wien.

Sixtus trägt wieder den Strohhut, den ihm Zacharias geschenkt hatte, und grüßt nicht ohne Stolz die Passanten, die ihnen auf dem Weg erstaunt zuwinken. Bartl hat sich den alten Filzhut von Sixtus ausgeliehen, denn heute verspricht das Wetter, schön zu werden, und er möchte nicht auf seiner angehenden Glatze einen Sonnenbrand bekommen.

Je näher sie der großen Stadt kommen, umso nervöser werden Prudence und Summer. Besonders Prudence, denn sie ist sich jetzt ganz und gar nicht mehr sicher, ob sie denn wirklich die Richtige für die große Hühnerbeschau ist, denn ihr deutscher Gackerer hat noch immer einen ausgeprägten englischen Slang. Prue beruhigt sie und meint beschwichtigend, dass ihre Aussprache doch sehr charmant und reizend klingt und sicher Eindruck bei der Jury machen wird, denn es kommt ja nicht alle Tage vor, dass unter den Protagonistinnen so ein weit gereistes Huhn teilnimmt – und ein so hübsches noch dazu.
Das beruhigt Prudence etwas und Summer meint dazu leicht eifersüchtig und etwas beleidigt, dass auch sie etwas mehr Aufmerksamkeit verdient hätte, denn schließlich habe sie ja Prudence den perfekten Popowackler beigebracht. Louis, der nun befürchtet, dass die Situation aus dem Ruder laufen und zu einem kleinen Zickenkrieg ausarten könnte, beschwichtigt beide und bestätigt ihnen hübsch, klug, gut im Training und gut im Futter zu stehen und dass die Chancen für beide gleich wären. So geht es weiter und die Stadt ist schon von Weitem zu hören. Ganz anders als bei ihnen am Land, wo das lauteste Geräusch Sixtus' alter Traktor verursacht.

Die Hühnerbeschau findet in der großen Markthalle am Stadtrand statt. Da sind alle sehr froh, denn so müssen sie sich nicht durch die Blechlawine und den Gestank derer zwängen. Besonders Holly und Millie sind beruhigt, denn sie hatten schon Sorge um ihre top gepflegte und zarte Haut rund um Schnabel und Augen. Jetzt sind sie endlich bei der Markthalle angelangt und viele, meist ganz neue Traktoren stehen bereits auf den Parkplätzen. Sixtus und Bartl sind ganz in ihrem Element und bestaunen die riesigen Gefährte. Schnell ist eingeparkt, alle hüpfen vom Anhänger und folgen ihrem jeweiligen Bauern zur Anmeldung. Prue und Cornelia ermahnen ihre Mädels, eng zusammenzubleiben, damit keine im Tumult verloren gehen kann.

Da ist richtig was los. Federstylisten, Visagisten, Krallen- und Beinpflegerinnen huschen hektisch durch die Gänge und verschwinden in kleinen Kojen. Stylishe Hühnchen eilen mit ihren Betreuerinnen die Gänge entlang und so manches Huhn sitzt entnervt am Boden und ist den Tränen nahe. Eine völlig andere Welt für die Landhühner – hektisch, laut und stressig. Das Oberhuhn von der Anmeldung bringt nun Summer und Prudence in den Vorbereitungsraum. Dort werden sie schon von den Stylisten erwartet und mit einem Gläschen Gänsewein begrüßt. Es wird noch gezupft, gerupft und gecremt, bevor es hinter die Bühne geht. Beide sind nun richtig aufgeregt und Prudence ist so nervös, dass sie nur noch Englisch vor sich hin gackert.

Die Jury sitzt bereits auf ihren Plätzen, ein stolzer Hahn, die amtierende Miss Topchicken und die Vorsitzende Adelheid Ruhm. Nun geht es los, die ersten Mädels schreiten über den Laufsteg und müssen sich der Kritik der gestrengen Jury stellen. An jeder haben sie etwas zu bemängeln. Vor ihnen an der Reihe ist ein schwarzes, dürres Hühnchen mit langem Hals, an dem keine einzige Feder zu sehen ist. Summer, die so ein Huhn noch nie gesehen hat, ist etwas überrascht und meint, dass sie das gar nicht schön und außerdem unpraktisch fände, schon der Sonne wegen. Prudence erklärt ihr, dass ihre Mitstreiterin auch einer australischen Hühnerrasse entstamme, zu den Nackthalshühnern gehöre und deshalb keine Halsfedern hat.

Schon steht sie draußen, die Nackthälsige, und erntet sofort Lobeshymnen, ganz besonders von Adelheid Ruhm, die ihre grazile Halshaltung und ihre schlanke Figur speziell hervorhebt. Nun sind Prudence und anschließend Summer an der Reihe. Prudence stakst, mit ganz besonderem Augenmerk auf Hüftschwung und Popwackler, über den Laufsteg. Sie trägt ihren Vortrag über *Bauern lernen Gackern* in bestem Deutsch vor und erntet von Adelheid Ruhm prompt nur Kritik über die strammen Waden, den dicken Popo und über ihren unzulänglichen deutschen Gackerer.

Nun ist Summer an der Reihe, sie wackelt gekonnt vor die Jury und trägt nun ihrerseits den vorbereiteten Text über *Haltung von Biohühnern* vor. Adelheid Ruhm, sie dürfte mit Biohühner nicht sehr viel am Hut haben, meint nur kurz, dass es hier nicht um Bio gehe, sondern nur um Schönheit und die richtige Figur. Man muss dazu noch eines sagen, auch Adelheid Ruhm ist ein besonders dürres Hühnchen, das mit Sicherheit aufgrund ihrer Ernährung keine Eier mehr legen kann. Auch bei der noch amtierenden Miss Topchicken scheint es so zu sein, denn sie ist ebenfalls dürr und wahrscheinlich deshalb auch derselben Meinung wie die Vorsitzende. Traurig wäre, wenn auch sie keine Eier mehr legen könnte, denn sie ist wesentlich jünger als die Vorsitzende. Nur der Hahn lächelt ihr wohlwollend zu und kräht mit leicht spanischem Akzent: „Gut gegackert, Kleines." Summer wackelt wieder hinter die Bühne, wo Prudence sie schon erwartet.

Sie fallen sich erleichtert in die Flügel und können ein heftig gackerndes Gelächter nicht mehr zurückhalten. „Lieber gut im Futter, als auszusehen wie ein gerupftes Huhn", gackert Summer und klopft Prudence auf ihren wohlgeformten Popo. Als dann auch noch die Nackthälsige gewinnt und das Krönchen entgegennimmt, das ihr vor Halsgewackle fast vom Kopf fällt, sind sich die beiden einig. Sie wollen nie wieder an so einer Hühnerbeschau, bei der es nur um Äußerlichkeiten geht und nicht um Werte, teilnehmen. Sie laufen zu ihren Bauern und der schon wartenden Hühnerschar. Alle laben sich an den mitgebrachten Köstlichkeiten. Ganz ohne schlechtes Gewissen futtern sie Josefs mitgebrachte Nachspeise und erfreuen sich daran, Biohühner sein zu dürfen.

Besetzung:

Hauptschauplatz:	Bauernhof von Sixtus Hinkel
Hauptrollen:	
Sixtus Hinkel	Biobauer, Ziegenkäseliebhaber, überzeugter Milchtrinker und Hühnerflüsterer
Louis vulgo Loisl	Sterneniveau-Koch und der sprichwörtliche Hahn im Korb
Prudence genannt Prue	selbst ernannte Anführerin der „Mädchenschar“
Zsofia	Neuzugang aus dem ungarischen Sopron, Eier-Work-outerin mit Paprika im Blut
Edith	Eier-Controllerin, Louis Küchengehilfin und glühende Anbeterin ihres „Topf-Meisters“
Summer	Spezialistin für die Feder- & Körperpflege, beste Popowacklerin der Truppe
Holly	Fachfrau für Schnabelpolitur und Farbgestaltung
Millie	Expertin für Bein-, Fuß- & Krallenpflege samt Lackwahl
Rosemarie & Maria	beste Legehennen am Hof
Nebenrollen:	
10 Hühner	Mitglieder der Korbballmannschaft, Teilnehmerinnen am Eier-Work-out, der Vorbereitung auf die große Hühnerbeschau und verlässliche Legehennen
5 Kühe	produzieren Sixtus’ Lieblingsgetränk
3 Schweinchen	liefern dem Bauern das Unterhaltungsprogramm und ersparen ihm so den Fernseher

Zacharias Hinkel alias Zachary Hinkley aus Australien	Ältester der drei Brüder, betreibt in der Nähe von Sydney eine große Hühnerfarm und direkt in der Stadt einen Pancake-Laden, das „Hinkley's"
Prudence & Candice	seine Mitbringsel, entstammen DER australischen Hühnerrasse und sind sehr anschmiegsam
Nebenschauplatz:	Bauernhof von Bartholomäus vulgo Bartl Hinkel

Hauptrollen:

Bartl Hinkel	Biobauer, Ziegenkäselieferant, Bruder von Sixtus, ebenfalls Milchtrinker
Josef vulgo Seppl	Koch mit unzulänglichen Kochkenntnissen und Hahn seiner „Mädchenschar"
Camilla	seine Küchenhilfe, beherrscht einige Kochkenntnisse jedoch heimlich
Cornelia	Anführerin & Entscheidungsträgerin der „Mädchenschar"
Katharina	Eier-Controllerin und Freundin von Edith

Nebenrollen:

15 Hühner	Mitstreiterinnen beim Eier-Work-out, der Vorbereitung auf die große Hühnerbeschau und zuverlässige Legehennen
5 Ziegen	erzeugen die Basis für Bartls herrlichen Ziegenkäse
3 Schweinchen	sorgen für die Bespaßung des Bauern, der ebenfalls sich somit den Fernseher erspart

Silvia L. Lüftenegger / RosaRot

1960 geboren in Hallein/Salzburg, lebt derzeit in Linz, Oberösterreich. Ihre langjährige Tätigkeit im Wald4tler Hoftheater und die Malerei haben sie zum Schreiben inspiriert

Silvia L. Lüftenegger / RosaRot
Federchens Abenteuer
Geschichten von Friederike Federblau

ISBN: 978-3-86196-707-1
Taschenbuch, 80 Seiten, farbig illustriert

Das kleine Vögelchen Friederike Federblau, auch Federchen genannt, wohnt ganz oben auf einem Ast, auf dem noch sechs andere Vogelfamilien wohnen. Sie liebt gutes Essen, kocht gerne, ist abenteuerlustig und neugierig, doch vor allen Dingen möchte sie etwas erleben. Auf einem Rundflug entdeckt sie, dass sich jenseits des großen Waldes, in einer kleinen Stadt, ein Zirkus niedergelassen hatte. Den will sie unbedingt besuchen, auch in der Hoffnung dort ein Kunststück erlernen zu können. Federchen braucht jedoch einige Anläufe, um tatsächlich zum Zirkus zu gelangen, denn der Weg ist weit und jede Ablenkung ist ihr recht.

Die Geschichte erzählt von Federchens Abenteuern und von neuen Freunden, die sie auf dem Weg dorthin kennenlernt. Sie erzählt, wie Federchen in Gefahr gerät und gerettet wird und schlussendlich doch beim Zirkus landet. Eine Geschichte über Freundschaft, Vertrauen, Liebe und Zusammenhalt.

Silvia L. Lüftenegger / RosaRot
Palastgeschichten
aus dem Reiche Himmelblau

ISBN: 978-3-86196-847-4
Taschenbuch, 184 Seiten, farbig illustriert

Im Reiche Himmelblau der königlichen Hoheiten König Schnabelfroh und seiner Angetrauten Königin Rosaschnabel ist immer etwas los. Viele Feste mit ausländischen Gästen und fremdländischen Speisen werden in ihrer Voliere gefeiert, um einerseits den Untertanen eine Freude zu bereiten, andererseits, um immer wieder auf der Titelseite der Klatschpresse Die Neue Vogelpost präsent zu sein. Denn das wäre wichtig für ihren Ruf – auch international, argumentiert Rosaschnabel klug. Der tolle Nebeneffekt dieser Feste sind ausgiebige Shoppingtrips, bei denen Töchterchen Florinda gerne mit von der Partie ist. Für Heide von Röschen, ihres Zeichens königliche Hofdame, sind diese Shoppingausflüge in die Stadt stets eine Herausforderung. Wäre da nicht ihr Liebster, der Apotheker Rupertus, hätte sie längst ihre Laufschuhe in die Ecke geworfen und gestreikt.
Das alles geschieht nicht immer nur zur Freude von König Schnabelfroh, der genug mit der Führung seiner Staatsgeschäfte zu tun hat. Auch seine beiden Zwillingssöhne Friedrich und Balduin, die sehr ungestüm sind, halten ihn täglich auf Trab. Als dann noch eines Morgens die königlichen Hoffischfangjäger feststellen müssen, dass sich im königlichen Blaustreifenfischteich der Bestand an Blaustreifenfischen empfindlich verringert hat, herrscht helle Aufregung.

Ob da wohl Diebe am Werke sind?

Silvia L. Lüftenegger / RosaRot
Beonimus Rabenbein erzählt
Seemannsgarn und Küchenlatein

ISBN: 978-3-86196-925-9
Taschenbuch, 160 Seiten, farbig illustriert

Beonimus Rabenbein ist ein wundervoller Erzähler. Das hat ihn zum Star einer Gauklertruppe gemacht, mit der er einst durch die Lande zog. Doch er bereiste auch die Weltmeere, immer an der Seite von Honke Ericsson, dem Schiffskoch, mit dem er gut befreundet war. Die Kombüse war natürlich der beste Platz für Klatsch und Tratsch, denn hier war die Tauschzentrale für Gewürze, fremdländische Zutaten, Getränke, Früchte und vieles mehr. Hierhin kamen die Köche der zu entladenden Schiffe und brachten neben allerlei Fremdländischem auch jede Menge Geschichten mit an Bord. Die Treffen verliefen meist feuchtfröhlich, denn Honke servierte seinen Gästen das beste Getränk, nämlich selbst gebrautes Drachenfruchtbier. Da sprudelten so manche Erzählungen aus deren Mündern.

„Ob alle wahr waren oder ob das Drachenfruchtbier den Erzähler zu geistigen Höhenflügen animiert hat, kann ich aus heutiger Sicht nicht mehr genau sagen“, berichtet Beonimus Rabenbein. „Fakt ist jedoch, dass die Geschichten sehr spannend und außergewöhnlich waren. Einige davon waren sicher Seemannsgarn – gesponnen aus Drachenfruchtbier und frischer Seeluft. Eines Tages beschloss ich, alles niederzuschreiben ... und wie man sieht, hatte ich wieder einmal recht. So haltet ihr heute mein Buch in euren Händen, das ganz schön dick geworden ist.“